优秀员工靠什么？

徐文钦 编著

新华出版社

图书在版编目（CIP）数据

员工优秀靠什么 / 徐文钦编著. —北京：新华出版社，2013.3
ISBN 978-7-5166-0399-4
Ⅰ.①员… Ⅱ.①徐… Ⅲ.①企业—职工—职业道德 Ⅳ.①F272.92
中国版本图书馆CIP数据核字（2013）第030827号

员工优秀靠什么

作　　者：徐文钦

出 版 人：张百新　　　　选题策划：郑书凤
责任编辑：尚惠敏　刘　飞　　　　装帧设计：赵志军

出版发行：新华出版社
地　　址：北京石景山区京原路8号　　　　邮　　编：100040
网　　址：http://www.xinhuapub.com
　　　　　http://press.xinhuanet.com
经　　销：新华书店
购书热线：8008100260 13051882866

照　　排：新华出版社照排中心
印　　刷：北京高岭印刷有限公司

成品尺寸：165mm×235mm
印　　张：17　　　　字　　数：230千字
版　　次：2013年3月第一版　　　　印　　次：2013年3月第一次印刷
书　　号：ISBN 978-7-5166-0399-4
定　　价：29.80元

前言 foreword

要摆脱平庸，迈向优秀，靠什么？

第一靠忠诚。对于任何团队来说，忠诚都是一个人最大的使用价值。忠诚也是一个人的第一职业品格。忠诚比能力更重要。忠诚是一个人的立身之本。在诱惑面前，绝不能为了个人利益出卖自己的人格，出卖团队的利益。要把敬业培养成自觉的习惯，全心全意，尽职尽责。凡是应该由自己承担起来的职责，绝不能有半点的推诿。多一分感恩，少一分抱怨，自然就能够找到个人利益与团队利益的最佳结合点。

第二靠态度。态度决定事业的高度。端正态度，才能超越平庸。改变态度，就能改变自己的命运。积极主动的人，不只为薪水而工作，他们把自己视为单位的主人，始终相信自己能做到最好，他们把任何挫折、失败都当成有益的磨砺，勇于承担自己的错误，努力拼搏，不断进取……

第三靠专注。夸夸其谈、心浮气躁、马虎轻率、投机取巧，永远都不能迈向优秀，取得成功要靠踏实做事，始终如一。只有集中精力，全身心地投身工作，心无旁骛，精益求精，善始善终，重视每一个细节，细心谨慎，才能够不断地自我完善，迈向卓越。

第四靠效率。要追求工作效率，做最高效的执行者，一开始就要找对方向，想好要做的每一步，克服优柔寡断和拖拉延误，迅速行动，不打无准备之仗。做事要井井有条，日事日毕，日清日高。

第五靠思路。有思路才会有出路。要学会用头脑工作，告别盲从，突破思维定式的束缚，寻找解决问题的新角度，敢于逆向思维，目光长远，善于抓住突如其来的灵感，考虑问题要抓住关键，把复杂的问题简单化……

第六靠合作。单打独斗难成事，不要将自己孤立于团队之外。工作中，要坚持将团队利益放在第一位，以大局为重。要尊重团队里的每一个人，与人为善，以诚相待，相信自己的合作者，互相弥补，积极配合……

第七靠学习。只有不断学习，才能摆脱平庸，获得竞争优势，臻于优秀；只有不断学习，才能够与时俱进，改变自己的命运。要随时用知识充实自己，坚持每天进步一点点，在不断的尝试中，吸取教训，完善自我。要时时保持低调，向领先者学习，取他人之长补自己之短，认真对待批评和建议，在不断的自省中，一次次自我更新、自我提升。

第八靠减压。要正确面对挫折和失败，积极化解抱怨、争论和冲突；要学会释放不快乐的情绪，给自己一个愿望，并注意适度降低自己的期望值；化不良情绪为动力，找回工作的激情，并注意不要让自己太疲惫，而是学会放松。

如何摆脱平庸，迈向优秀，秘诀就在本书一篇篇好看、经典的职场励志故事中，自己内心的“自我反思”中……通过充满快感的阅读，书中的“提示”和“自我反思”将引导你逐步建立最积极的思维方式，引导你探寻最理性的行动方案，引导你在心灵深处进行最大限度的个人反思，从而不断地自我完善、自我更新、自我提升，摆脱平庸，迈向优秀……

徐文钦

2013.1.2

EXCELLENT

员工优秀靠什么

目录 CONTENTS

EXCELLENT
员工优秀靠什么

目录 CONTENTS

EXCELLENT
员工优秀靠什么

目录 CONTENTS

EXCELLENT

员工优秀靠什么

目录 CONTENTS

第1靠
first

忠诚：职业的第一品格

对于任何团队来说，忠诚是一个人最大的使用价值，忠诚是一个人的第一职业品格。忠诚比能力更重要。诚实是一个人的立身之本。在诱惑面前，绝不能为了个人利益出卖自己的人格。要把敬业培养成自觉的习惯，全心全意，尽职尽责。凡是应该由自己承担起来的职责，绝不能有半点的推诿。多一分感恩，少一分抱怨，自然就能够找到个人利益与团队利益的最佳结合点。

忠诚比能力更重要

“张主任，瞧我们老板多抠门。我们为他辛辛苦苦干事，公司利润节节攀升，但每月只挣到几千元的工资。”一天，通达公司客户部的张主任对财务部李主任抱怨说。

“是啊。我们每天兢兢业业，只能温饱而已。要想买房，得等到猴年马月啊！”财务部李主任应声感叹道。

“如果我们把彼此手中的客户信息合在一起，就能够开创一家新公司。”客户部的张主任继续怂恿道。

“是啊，凭借这些客户信息和你我多年的工作经验，肯定能挣到大钱，到那时就不愁买不起房子了。”财务部李主任眼睛一亮，她显然中招了。“这样，你先出去干，我在公司给你当内应。只是你赚了钱，可不要亏待我。”

“那当然。”

不久，客户部的张主任辞职了。很快，他搞起了一家新公司。

可是，他缺乏足够的业务能力，又缺乏足够的管理和用人能力，很快，他就因为支付不起办公房租而关闭了自己的公司。

由于业务上的交叉、冲突，张主任的所作所为早被通达公司董事长兼总经理赵明知道了。

一天，赵总经理把办公室主任黄莉叫到了自己的办公室，对她说：“你在公司这两年的工作，我一直看在眼里，你是一位优秀的人才，而且脚踏实地，忠诚而富有责任感。两年来，你的加班时间远远超过了其他员工。”

黄莉很惊讶，她不知道整天忙于公司大事的总经理居然对她的工作情况这么了解，她真的很感激总经理。作为一名员工，能得到上司如此的关注和赞赏，是一件很幸福也很值得骄傲的事情。黄莉在通达公司从事办公室工作，一开始只是个办公文员，后来被提升为办公室主任。这是她大学毕业后从事的第一份工作。黄莉平时工作非常努力，她不想在领到薪水的一刹那觉得自己有愧于公司。

“公司考虑到你的责任心、工作能力及目前的工作情况，决定晋升你为总经理助理。经过我的观察，我觉得你很适合这个职务，而且你有能力胜任这项工作。”总经理接着说。

其实，黄莉对公司升任她为办公室主任已经心存感激，没想到公司现在居然给了她一个更好的机会。她从心底感激总经理，也暗暗地发誓，一定要努力工作，不辜负总经理对自己的信任。

“我在公司已经工作四五年了，黄莉才来两年，为什么她能够连升两级，反居我之上？我是工作能力比不上她，还是工作年限比不上她？！”一次，财务部李主任找总经理赵明发泄自己的不满。

“忠诚比能力更重要。”总经理赵明平静地说。

不久，财务部李主任离职了。

黄莉更努力了，比以前更辛苦、更累了，但她仍然干劲十足。她说：“我必须更加努力，这是为了公司，为了报答总经理的知遇之恩，同时也是为了自己能不断进步，迈向卓越。”

她在总经理助理的任上不到一年，工作就开展得卓有成效。

总经理赵明也感觉如鱼得水。

后来，黄莉被任命为公司的副总经理。

公司为了回报她的始终如一奉献，特意奖励她一套房子和一辆轿车。

[提示]

忠诚于自己服务的团队，忠诚于自己的老板，为公司保守机密，是每个员工最起码的职业道德。有才能的员工比比皆是，但能在诱惑面前仍然忠诚于公司的人更受尊敬，更受老板的青睐、信任和器重。

1. 忠诚胜于能力。能力突出但丝毫没有忠诚度的人，是每家公司唯恐避之不及的，因为这样的人，一旦和公司对着干，就会给公司造成巨大损失。

2. 工作能力可以差一点，但一定要对公司忠诚，这样才能得到老板的信任，获得不断自我提升的机会。能力可以通过努力提升，而如果缺乏忠诚度，就会对公司产生破坏性的影响。

3. 不要以为忠诚就是愚蠢，其实，忠诚是最大的智慧。只有忠诚者才能够赢得信任，才能够得到意想不到的机会。

[反思与提升]

· 你认为忠诚重要，还是能力重要？

· 忠诚有什么好处？

· 你对单位忠诚吗？

· 为了提升自己的忠诚度，你打算怎么做？

诚实是你的立身之本

“你开车把我送到米加斯，然后你再把车开到附近的那个加油站去加油。”一天早上，爸爸让16岁的儿子杰森送他到18英里之外的一个村庄。

“好嘞！”杰森刚刚学会开车，现在派上了用场，显得格外兴奋。

杰森顺利地开车把爸爸送到了米加斯。

“别忘了下午4点来接我。”爸爸特别嘱咐道。在他看来，杰森还是个贪玩的孩子。

“爸爸请放心，我会准时赶到的。”杰森的承诺让爸爸放心去办事了。

接着，杰森将车开到附近的一个加油站停下。

“还有好几个小时的空余时间，不如去加油站附近的剧院看场电影。”

看电影时，杰森完全沉浸在影片的情节之中。他看完一场电影，不过瘾，就接着又看了一场，以至于忘记了接爸爸的时间。

等最后一部影片结束的时候，杰森才想起要接爸爸。他赶紧看了看手表。

“上帝啊，怎么已经是下午6点了！我整整迟到了两个小时！”杰森慌了，“爸爸如果知道我因为看电影而忘记去接他的话，一定会非常生气！他以后肯定不会再让我开车了！怎么办呢？”杰森心中不知如何是好。

突然，杰森眼睛一亮，他为自己想到的好主意感到兴奋。

接着，杰森把车开到了与爸爸约定的地点。

爸爸早已经坐在一个角落里耐心地等待着他。

“对不起，爸爸，我本来是想尽快赶过来的，但是车出了点毛病，因为修车，花了太长的时间，我就迟到了。”杰森低着头，小心地向爸爸道歉。

当他抬起头来时，发现爸爸正用严厉的眼神盯着他。

“对于你认为必须对我撒谎这一点，我感到非常失望！杰森。”爸爸显得痛心疾首。

“哦，你说什么呀？我讲的全都是实话！”杰森装出一副无辜的样子。

爸爸又一次看了他一眼，这才揭穿了他的谎言：“当你没有按时出现的时候，我就打电话给加油站问是否出了什么问题，他们告诉我你一直没有过去取车。所以，我知道车根本就没有出任何毛病。”

一阵负罪感顿时袭遍了杰森的全身，他无奈地承认了自己去看电影忘了时间是迟到的真正原因。

爸爸专心地听着，一阵悲伤和痛苦掠过他的全身。

“我很生气，不是因为你，是因为我自己。作为一个爸爸，我其实是很失败的。因为我养了一个甚至不能跟他爸爸说真话的儿子。我现在要走回家去，并对我这些年来在家教方面做错的一些事情进行反省。”

“但是爸爸，从这儿回家有整整18英里！天已经黑了，我不能让你走着回去。”杰森心疼地说。

然而，杰森一再的道歉和他后来所有的劝说与恳求都是徒劳的。

爸爸坚持自己走路回家。

杰森看着爸爸走在车外，而自己不得不开着车，他体验到了他生命中最痛苦的一刻。

爸爸沿着尘土弥漫的道路艰难地行走着。

杰森开车紧紧地跟着爸爸，一直希望他会停下来。

杰森一路上都在祈祷，他多么想告诉爸爸他是多么难过和抱歉。

但是爸爸根本不理睬他，继续沉默地行走着，思索着。爸爸的脸上充满了痛苦。

整整18英里的行程，杰森一直跟着爸爸，时速大约为每小时5英里。

看着爸爸遭受肉体和情感上的双重折磨，杰森体验到了人生中最令自己痛苦、内疚的一课。

从此以后，杰森不仅再也没有对爸爸说过谎，而且把诚实做人当作自己的立身之本。

[提示]

说谎的初衷也许只是为了解决一场面子上的危机和尴尬，可是，说谎将会置我们于更大的危机和尴尬之中。因为，说谎者本人可能认为这只是一种需要，一种交际技巧，而对方可能不会这么认为。一个人说谎多了，就会养成习惯。久而久之，将会难以取信与人，毕竟，人们总是认为说谎关乎一个人的品德。

1. 无论我们做错了什么，都要对公司、对上司和老板诚实。这是我们在公司的立身之本。

2. 如果我们犯了错误，不要掩饰，要立即想办法纠正、挽回自己的错误，而且吸取教训，不再重犯。

3. 诚实地向上司和老板说明真相，真诚道歉，认真接受上司和老板的批评。

4. 向上司和老板提出自己的补救措施。

5. 如果上司和老板有自己的补救指示，要认真执行，不可一错再错。

[反思与提升]

· 你有过对上司和老板说谎的经历吗?

· 你觉得说谎是一种交际技巧吗?

· 你有过谎言被同事、上司和老板揭穿的经历吗?

· 如果自己再犯错误，你打算怎么处理?

不为利益出卖自己的人格

“只要你把公司最新产品的数据资料给我，我就给你丰厚的回报，怎么样？”克里丹·斯特先生所在的电子公司规模小得可怜，时刻面临着规模较大的比利孚电子公司的压力，虽然研发出了新产品，但却苦于没有资金投入，因此，处境非常艰难。一天，比利孚电子公司的技术部经理邀斯特共进晚餐，在饭桌上，这位经理开始诱惑斯特。

“不要再说了！我们公司虽然效益不好，处境艰难，但我绝不会出卖我的良心，做这种见不得人的事。你出多少钱，我都不会答应你的这种要求！”一向温和的斯特一下子被激怒了。

“好，好，好。”这位经理不但没生气，反而颇为欣赏地拍拍斯特的肩膀，“这事儿当我没说过。你消消火，来，干杯！”

不久，斯特所在的小公司因经营不善而破产，斯特因此而失业，一时又很难找到工作，只好在家里等待机会。

“你好！斯特先生，我是比利孚公司总裁，请你到我办公室，我想和你谈一谈。”没过几天，斯特突然接到比利孚公司总裁的电话。

“不知这位昔日‘老对手’公司总裁找我什么事？”斯特百思不得其解。

斯特满腹狐疑地来到比利孚公司。

出乎意料的是，比利孚公司总裁热情地接待了他。

“如何不介意的话，我代表比利孚电子公司以十分的诚意欢迎您加入本公司！”比利孚公司总裁拿出一张非常正规的大红聘书，“我现在正式聘请您出任斯特公司技术部经理！”

“你为什么这样相信我？”斯特惊呆了，喃喃地问。

“我公司原来的技术部经理退休了，他对我说，你是一个非常忠诚的人。他曾经告诉我您不肯出卖原公司技术资料的事，并向我特别推荐你。小伙子，你的技术较高，但更让我佩服和欣赏的是你的忠诚正直品格，你是最值得我信任的那种人。”总裁哈哈一笑说。

斯特一下子醒悟过来。

后来，斯特成长为一名一流的职业经理人。

[提示]

在个人利益和诱惑面前，有人会毫不犹豫地出卖自己的人格，出卖公司和老板。然而，因个人利益而出卖自己的人格，出卖公司和老板的人，就算他能力再强，也只会为人们所不齿，断送自己的前途。

无论遇到什么样的诱惑，无论是金钱、权力，还是美色，都不要出卖自己的人格，出卖自己的公司和老板。

[反思与提升]

· 你遇到过诱惑你出卖公司和老板的事情吗？

· 你是怎么做的？

· 仔细观察那些最受老板重用的人，他们的共同品质是什么？

对自己说过的话负责

“我终于跑到终点了！我终于兑现了对自己的承诺！”

没有高潮时众多的观众，也没有热烈的掌声，更没有欢呼声，途中没有人过来扶他一把，没有人给他递上一条毛巾，甚至没有人看他一眼。他一个人无声地完成了这一切，然后在跑道上躺下，脸上露出欣慰的笑容。

1968年10月20日，第19届墨西哥奥运会上的马拉松比赛早已经结束。因天气影响，参赛选手们成绩平平。

16时30分，其他参赛选手都完成了比赛。

17时30分，颁奖结束。获胜者们早已经在欢呼声中领完了奖杯，被人们簇拥着离开了赛场，暮色已经降临。

18时30分，组委会通知沿途服务站开始撤离，沿途观众开始三三两两回家。

偌大的奥运体育场空空荡荡，只剩下几名工作人员在清理赛场。

“有个选手还在跑！”

最后一名选手身边突然多了一位记者，不解地问他：“为什么明知自己已成最后一名，还要拼命一般坚持跑下去？”

选手显然对这个问题毫无准备，在默默地“跑”了一会儿后，这位年轻人喘着粗气回答说：“我的祖国把我从7000英里外送到这里，为的就是要我完成比赛。”

夜幕降临，这最后一位马拉松选手一瘸一拐吃力地跑进了体育场。他的腿受伤了，简单包扎过的绷带上还在不停地渗出血水，他迈着艰难的步伐，最后一步一步地就像挪进体育场一样，竭尽全力绕完体育场一圈，终于跑到了终点。

此时，距离比赛开始已经四个多小时了，距离马拉松比赛的冠军冲过终点赢取金牌，也已经过去一个多小时了。

看得出他早已经筋疲力尽，跑到终点时已经严重体力透支了，但这一切都没有冲淡他脸上的意志力。

这一切被享誉国际的纪录片制作人格林斯潘看在眼里，在好奇心的驱使下，格林斯潘来到这名选手跟前，看见他绑着绷带的双腿沾满血污，心中更是不解，问道："天色已经这么晚，比赛也早已结束，你的腿又伤成这样，为什么还要这么吃力地跑到终点？"

"我的祖国把我从7000英里外送到这里，不是让我开始比赛，而是要我完成比赛。"

格林斯潘注意到，他在说这话时目光是那么的坚定，虽然他的身体已经疲惫到瘫软的地步。

"你叫什么名字？"格林斯潘接着问。

"我叫阿赫瓦里，是来自坦桑尼亚的奥运会马拉松选手。"

19时，在警车的簇拥下，阿赫瓦里终于走进了专门为他打开灯的体育场。他成了英雄。

约翰·阿赫瓦里感动了当时在场的工作人员、裁判，还有已经为数不多的观众。当他们明白了阿赫瓦里的状况时，全部停下了手中的事，站在自己的位置上，一起为这位来自非洲的运动员鼓起掌来。

这一幕成为1968年第19届墨西哥奥运会上最感人的一幕。

由于过于激动，人们忘了统计他的确切成绩（至少得4小时30分吧），那届奥运成绩册上只有他获得的名次：75人中的第57名。

约翰·阿赫瓦里之后的18位选手，都因各种原因中途退场。

约翰·阿赫瓦里跑过终点后，直接被送进了医院。在医院里，阿赫瓦里再一次回想起自己出发前对教练的承诺。

“你这次到高原城市墨西哥城参加马拉松比赛，可能会遇到不可想象的困难！”1968 年 10 月 12 日至 10 月 27 日，第 19 届夏季奥林匹克运动会将在墨西哥的墨西哥城举行，出发前，坦桑尼亚马拉松教练这样提醒马拉松运动员约翰·阿赫瓦里。1963 年，国际奥委会于联邦德国召开的第 60 届会议上，确定墨西哥城为第 19 届奥运会会址。选择墨西哥城作为 1968 年奥运会的主办城市颇具争议，因为这座城市海拔达 2300 米，这里的空气含氧量要少 30%。稀薄的空气对许多参加耐力项目的选手们来说是一场灾难。当会址最后确定下来后，各国立即寻找高原地区进行适应性训练。1968 年，坦桑尼亚刚刚独立并成立联合共和国不久，这是他们第一次以坦桑尼亚的名义参加奥运会。阿赫瓦里 1938 年出生于英属坦桑尼亚的姆布卢，他是第一位参加奥运会的坦桑尼亚选手。

“无论遇到什么困难，我都会尽全力跑出最好的成绩，尽全力跑到终点，为我们刚刚诞生的国家争光！”约翰·阿赫瓦里向自己的教练承诺。阿赫瓦里在 19 公里处被挤倒，又遭踏伤。他拖着被踩穿孔的膝盖和脱臼的肩膀坚持跑完了全程。等他跑到体育场内，颁奖早已结束，人们却重新回到看台为这位“无冕之王”加油喝彩。

约翰·阿赫瓦里是 1968 年墨西哥城奥运会马拉松比赛中跑完赛程的最后一个。他虽然“失败”了，但他兑现了对自己的国家和教练的承诺。他创造了最伟大的“失败”，成为奥运历史上的经典人物之一。

【提示】

在第 19 届墨西哥奥运会上，虽然比赛早已经结束，坦桑尼亚马拉松选手阿赫瓦里仍然坚持跑完了全部的赛程。正是因为阿赫瓦里恪守自己对国家和教练的诺言，他才能够在比赛已经结束，没有人监督，且自己已经受伤的情况下，不寻找任何借口，竭尽全力完成自己的使命。

1. 如果遇到意外，也要恪守自己的诺言。

2. 信守诺言，一诺千金，会激发自己无限的勇气和潜能，去克服不可想象的困难。

反思与提升

· 如果遇到意外的困难，你能够信守对公司的诺言吗？

· 你听到过恪守诺言的感人故事吗？是什么力量使他们一诺千金？

· 仔细观察自己的同事，你觉得“对自己的话负责”的人受欢迎，还是那些投机取巧、见机行事的人受欢迎？

将敬业形成习惯

“他存在很大的智能障碍！”

“他不能从事任何工作。”

专家和周围的人都认为比尔肯定存在严重的智能缺陷和障碍。

1932年，母亲生比尔·波特时难产，大夫用助产钳不慎夹碎了他大脑的一部分，导致他患上了大脑神经系统瘫痪，影响到说话、行走和对肢体的控制。

然而，比尔的母亲从不这么认为，她一遍遍地对比尔说：

“你能行，你能够工作，能够自立！”

在母亲的鼓励下，比尔尽量做些力所能及的事情，他也从不以为自己是残疾人。

然而，福利机关将他定为“不适于被雇用的人”，专家也认为他永远也不能工作。

1959年，27岁的比尔开始寻找工作。想要找到一份合适的工作，对许多常人来说都不是一件容易的事，对比尔来说则更是难上加难。

一连多家公司都直接拒绝了他。

最后，比尔来到怀特金斯公司，在他的极力请求下，怀特金斯公司勉强接受了他。

“你必须接受波特兰、奥根地区的业务，虽然那是没有人愿意承担的区域。”

“好吧！”比尔的眼睛闪出了亮光，他笑得十分开心，也很自信。他明白：虽然条件很不公平，但对他来说，能有公司接受他就已经很难得了。

从此，比尔开始了他艰难的推销生涯。比尔·波特是英国成千上万推销员中的一个。推销本就是一份辛苦的工作，而他则需要付出超出常人数倍的艰辛。

他鼓足勇气，一次次按响门铃。

第一家没有人买他的商品。

第二家、第三家、第四家也一样……

他甚至遭到客户的白眼和嘲笑，但他从不灰心丧气。

他每天花在工作及路上的时间有14个小时之多，回到家，已是精疲力竭，关节隐隐作痛，时常还会有偏头痛。

尽管如此，比尔每天仍满怀热忱地做着自己的工作。

他的敬业让他的工作开始有起色，慢慢有了一定数量的客户。

每隔一段时间，比尔需要打印一份顾客订货清单。这原本是一件非常简单的工作，他却要花去10个小时，因为他只有一只手是管用的。

“这份工作就是我的一切，我以此为生，同时以此体现我生命的价值。再苦再难，我都要把这份工作坚持下去，都要以满怀的热忱对待这份工作。”每当遇到困难和挫折时，比尔就这样鼓励自己。

时间一天天地过去，比尔的客户越来越多，他的业绩也不断增长。曾经没人愿意接受的区域，在比尔的不懈努力下也开出了花，结出了果实。

敬业心让比尔一直以饱满的热忱做着这份工作，在他做到第24年时，已经是公司销售技巧最好的推销员。

进入20世纪90年代时，怀特金斯公司已经拥有6万多名推销员，但他们已经不再上门推销，而是在各地商店推销商品。

然而，比尔仍然坚持上门推销。此时的比尔已经60多岁，他对工作的热忱却丝毫不减当年。

1996 年夏天，怀特金斯公司在全国建立了连锁机构，比尔再也不用上门推销。此时，比尔已经成了怀特金斯公司的荣耀，公司以他的形象和事迹向人们展示着公司的实力和魅力。

1996 年，64 岁的比尔被公司誉为历史上最敬业的推销员、最出色的推销员，并将第一份最高荣誉——杰出贡献奖给了比尔。

凭着自己已经养成习惯的敬业精神，比尔一直在怀特金斯公司工作了近 40 年。

【提示】

将敬业形成习惯，让比尔顶住了超出常人数倍的艰难困苦，始终以饱满的热忱在怀特金斯公司工作了几十年！

1. 热爱工作，从成就中发现工作的乐趣。有敬业心的人，才会真正热爱自己的工作，从工作中获得乐趣，每天充满活力、满怀热忱地去工作。也只有这样，才能创造非凡的业绩。

2. 用技巧和新的办法可以让那些单调、枯燥的工作内容更有趣。

3. 将敬业形成习惯。

反思与提升

· 不断提醒自己：我自身的条件要比尔好很多，我哪里还有理由为自己找失败的借口？

· 你敬业吗？

· 你能将敬业形成习惯吗？

· 你觉得自己如何才能将敬业形成习惯？

· 如果你觉得自己的敬业心不够好，自身需要从哪些方面改变和完善？

全心全意，尽职尽责

“谢谢你，这确实是颗很棒的钻石，但不是我想要的。”钻石之王哈里·温斯顿遭到了一位正在收集某种钻石的荷兰富商委婉的拒绝。

哈里·温斯顿，除了拥有精湛的技艺和高超的欣赏水平外，还是一位成功的商人。他创立的哈里·温斯顿公司，从一个小作坊发展成世界闻名的珠宝连锁店。

一次，温斯顿听说有个荷兰富商正在收集某种钻石，就立即打电话给这位富商，说自己的公司刚好有这样的钻石，并邀请他来纽约面谈。

于是，荷兰富商应邀飞到美国。

双方见面后，温斯顿让公司的一名专家为荷兰富商介绍一颗昂贵的钻石。

专家详细地讲解了钻石一流的质地、高科技的切割工艺，以及各种珠宝鉴定指数。

荷兰富商听了，只是点点头。

等专家一介绍完，荷兰富商毫不犹豫起身拒绝了这次推销。

“让我再给您介绍一下这颗钻石，可以吗？”

一直坐在后排的温斯顿上前拦住了荷兰富商，他可不想丢掉这次重要的机会。

荷兰富商只好再次坐下。

“瞧！它在阳光下是多么璀璨夺目！多么晶莹剔透！它的美是多么令人怦然心动！”温斯顿从专家手里接过那颗钻石，他没有使用任何专业术语，而是抒发了自己对这颗钻石的热爱。

“请把它卖给我吧。”温斯顿寥寥数语就打动了荷兰富商，他马上起身说。

钻石之王哈里·温斯顿又成功了一笔交易。

“为什么顾客已经拒绝了专家，可您几句话就让他改变了主意呢？”事后，一个助手问温斯顿。

“那位专家是钻石界为数不多的几个权威之一，他对钻石的知识远胜于我，我为此付给他高额的薪水。但有种本事，他没有，我有。如果他能学会那本事，我会毫不犹豫地给他开双倍工资。”温斯顿说。

“什么本事？”助手问。

“他了解自己卖的每颗钻石，而我全心全意喜爱自己卖的每颗钻石，尽职尽责地去做所有我认为我能够做到的。”温斯顿回答道。

【提示】❗

不管你扮演着什么样的一个角色，都要全心全意，尽职尽责。只有这样才会让技术变得温情可爱。全心全意，尽职尽责是卓越人士必须具备的品质，也是基本职业道德规范。对公司负责，就是对自己负责。

1. 通过学习、沟通明确自己的职责。
2. 对工作中的每一个环节和细节负责。
3. 对公司的每一个客户负责。
4. 全心全意热爱自己的产品和服务。
5. 全心全意热爱自己的客户。

反思与提升

· 你在工作中是一个全心全意，尽职尽责的人吗？

· 你清楚自己的工作职责吗？

· 为了提升自己的责任意识和责任能力，你将如何办？

责任到此，不能再推

他朴实得像一块石头。一个人，一匹马，造就一段世界邮政史上的传奇。他过滩涉水，越岭翻山，用一个人的长征传邮万里，用20年的跋涉飞雪传心。路的尽头还有路，山的那边还是山，近邻尚得百里远，世上最亲邮递员！

这是2005年，王顺友被评选为“感动中国”十大人物之一时的颁奖词。

邮递员是一份非常平凡的工作，不需要专业技术，不需要高学历，只要能行动就能干。因此，有些人认为这是一种卑微的工作。真是这样吗？

在绵延数百公里的木里县雪域高原上，一个瘦瘦的中年男人牵着一匹驮着邮包的马，默默行走，这个场景成为当地老百姓心中最美好的画面。

画面中的中年男人叫王顺友，是四川省凉山彝族自治州木里藏族自治县的一位乡邮员。他在一条往返360公里的邮路上跋涉了20年，合计26万公里，相当于走了21趟二万五千里长征，绕地球赤道6圈。他用自己的两条腿，为大山深处的各族群众架起了一座温馨的“绿色桥梁”。

这样的壮举谁敢轻视？谁敢说他从事的是一份卑微的工作？

1984年的一天，从事乡邮员工作的父亲把王顺友叫到身边，语重心长地说：“你已经19岁了，是一个成年人了，该扛起一定的担子了。我决定把乡邮员这份工作传给你来做。”

“您放心吧，我一定会比您做得还好。”王顺友坚定地点了点头说。

“送信就是为党做事，为党做事的人要吃得起苦。”父亲欣慰地点点头，接着说。

“我从小就不怕苦，这点您是知道的。”王顺友拍拍胸脯说。

“另外我再嘱咐你一句，乡邮员是一份神圣的工作，你一定要重视自己手中的每一封信件、每一份报纸！”父亲非常庄重地说。

“我记住了！”王顺友也表情严肃地答应着。

从此，王顺友便成了四川省凉山彝族自治州木里藏族自治县一名普通的马班邮路乡邮员。他带着父亲的嘱咐，踏上了马班邮路的漫漫征途。

王顺友负责县城至白碉乡、三桷桠乡、倮波乡三个乡邮件的投递工作，这条邮路往返 360 公里。

在平原地带，邮递员可以借助各种便利的交通工具，使自己的工作更轻松，效率更高。而王顺友所在的四川木里藏族自治县地处青藏高原东南缘，高山绵延起伏，平均海拔 3100 米，全县海拔在 5000 米以上的大山就有 20 多座。他的邮路只能用双腿去走，邮件和生活物品则由一匹马驮着，工作、生活的艰苦可想而知。

早上 9 点钟，王顺友和家人早早等在家门口，一匹马，一个简单的行囊，行囊里是一顶帐篷、一袋干粮、一壶白酒、一袋饲料。

县邮政局邮车一到，他便赶紧领到自己要送的邮件。然后家人七手八脚帮他把行囊捆扎在马背上。至于邮包，他则坚决不让其他人动手帮忙。他独自艰难地把两个大邮包抱上马背，捆扎结实后再用双手使劲拉一拉、摇一摇，直到确信邮包不会滑落才罢休。

妻子默默地看着他做完这一切，牵着马、唱着山歌走出家门……

妻子知道这一别又是半个月，路上凶险坎坷难以预测，纵使心中有千般叮咛万般嘱咐也都无济于事。她目送着丈夫消失在视线中，依依不舍之情令人动容。

王顺友 20 年的乡邮员工作，都是这样的“出发”，早已成为一家人生活的一部分。

他沿途要经过察尔瓦山、雅砻江河谷、座窝山、矮子沟、鸡毛店山、王庙峰、刀子山等大大小小的山峰沟谷。山路狭窄，拐连拐，弯连弯，抬头是悬崖峭壁，低头是汹涌的江水，稍有不慎，就会连人带马摔下悬崖，被滔滔江水吞噬。另外，察尔瓦山气候异常恶劣，气温达到零下十几摄氏度，一年中有6个月被冰雪覆盖；而雅砻江河谷海拔1000多米，气温高达40多摄氏度，酷热难耐。

这条邮路还要穿过四片野兽出没的原始森林，当地人通常都会和马帮结伴而行，只有王顺友总是独自一人风雪无阻地行走在这条路上。因此，人们送他一个外号："王大胆"。

王顺友每月有两个邮班，一个邮班来回14天，也就是说他每月有28天的时间都跋涉在邮路上，一年中有330天左右的时间在大山中度过。

一般的人，在这样的条件下工作不了多久，就坚持不下去了。王顺友身边的同事，换了一批又一批，有的嫌工作太辛苦，有的嫌环境太恶劣，有的则觉得这是一份卑微的工作，不值得长期从事。

王顺友却从不觉得自己的工作卑微，反而始终牢记父亲的话，把自己的工作当作一项神圣的事业。他视邮件如生命，在路上曾遇到过劫匪，邮包也曾不慎掉入江中，他每次都是以命相护，最终没有丢失、延误一份邮件。

至于外界恶劣的环境，王顺友丝毫不放在心上。他心里只想着怎样按班准时地把一封封信件、一本本杂志、一张张报纸准确无误地送到每个用户手中。

在这条路上，没有任何一个人的速度能比王顺友更快，也没人比他更乐观。大山深处，常常走上一两天都见不到一个人影，心里孤苦时，他就亮开嗓子纵情地高声唱起山歌，苦中取乐。王顺友是苗族人，唱山歌是他从小到大的爱好，悠扬的歌声总能让他心情舒畅、脚步轻快。

就这样，王顺友平均每年投递报纸8400多份、杂志330多份、函件840多份、包裹600多件，从未延误过一个班期，准确率达到100%。

沿途他还热心为农民群众传递科技信息、致富信息，购买优良种子，深受群众的称赞。

平凡的工作也给王顺友带来了无上的荣耀：

2001年，王顺友被四川省邮政局评为四川省邮政劳动模范。

2001年5月1日，王顺友成为全国五一劳动奖章获得者。

2005年4月，中共四川省委授予王顺友同志四川省优秀共产党员称号，国家邮政局授予王顺友全国邮政劳动模范称号。

2005年，王顺友被评选为“感动中国”十大人物之一。

2005年5月1日，中华全国总工会授予王顺友全国劳动模范称号。

2008年9月14日，王顺友被评为100位新中国成立以来感动中国人物之一。

【提示】

面对父亲的嘱托，面对各种难以想象的困难，王顺友没有推托，没有退却。他在平凡的岗位上创下了伟大的壮举，用他的行动诠释了一份平凡工作的神圣。他的事迹告诉我们：责任到此，不能再推，小工作也能做出大成绩。

1. 面对困难的工作和任务，我们不能推托，要勇敢地承担起自己的职责。

2. 坦然面对困难，自然就有办法解决，就有毅力克服。

3. 最优秀的员工，总是能够以一颗虔诚的心对待自己的工作，视工作为信仰，视职责如生命。这样的员工一定能赢得人们的尊重，让自己的人生价值在工作中充分体现。

反思与提升

面对困难的工作和任务，你会推托吗？

你对自己的工作满意吗？

你觉得如何做，才能更好地履行自己的职责？

多一分感恩，少一分抱怨

“他是个无可救药的失败者！”1922年，查尔斯·舒尔茨出生于美国明尼苏达州。他从小喜欢画画，却不被人们看好。舒尔茨上学期间，各门功课成绩惨不忍睹，成绩亮红灯是他的家常便饭，中学的物理成绩通常都是零分。他曾参加过学校的高尔夫球队，最终输得一塌糊涂。不仅如此，他说起话来笨嘴拙舌，社交场合从不见他的人影，老师和同学都忽略了他的存在。如果走在校园里能有同学主动跟他打招呼，他会表现得十分激动。他糟糕的一系列表现，让人们以为他是一个无可救药的失败者。

但查尔斯·舒尔茨对人们的贬低似乎并不在意。

从小到大，唯一让他在乎的只有画画。他深信自己拥有不凡的绘画才能，并决心成为一名职业漫画家。

然而，他的那些涂鸦之作从来没有人愿意多看一眼，而他自己却为那些作品深感自豪。

读中学时，他绘了几幅漫画，交给毕业年刊的编辑，但最终没有一幅被采用。

之后，他又多次惨遭退稿……

“失败是上帝给我的最好礼物！”抱着这样感恩的心态，他继续画画，继续投稿……

中学毕业时，舒尔茨向当时的沃尔特·迪斯尼公司写了一封自荐信。

“按主题要求完成漫画，然后寄给我们。”沃尔特·迪斯尼公司给了他一个主题。

“这是真的吗？太好了！”舒尔茨高兴得一阵眩晕，他像是看到了梦想正在向他招手！

抱着感恩的心态，他投入了大量的时间和精力，全身心地完成了几幅漫画，自己感觉十分满意，然后寄给了迪斯尼公司。

作品寄出后，他仍然激动不已……

不料，寄出的作品如同石沉大海。

“非常遗憾，你的漫画未能被我们采用。”舒尔茨最终等来的却是迪斯尼公司不予录用的消息。

“上帝对舒尔茨太苛刻了，为什么从不肯给他一点眷顾？”看到舒尔茨一次次的失败，周围的人开始替他感到不平。

舒尔茨却不这么认为。“我的这些失败的经历或许正是上天赐给我的礼物，我对失败有着深刻的体会，如果能将这些用画笔描绘出来，即使没人喜欢也可留作纪念。”再次失败后，他居然产生了这样的主意。

抱着这样感恩的心态，舒尔茨开始描绘自己青少年时期的失败之旅：主人翁是一个名叫查理·布朗的小男孩，他的朋友都叫他“木头脑袋”，他也是一名“彻头彻尾的失败者”……

熟悉舒尔茨的人都看得出，这本漫画正是他自己人生的真实写照。

无论舒尔茨自己，还是周围的人，万万都没有想到，他创作的这部连环漫画《花生漫画》（又名《花生》），竟一炮打响，很快风靡了全世界！这部漫画在超过2600份报纸上刊登，在75个不同国家中有3亿5000万个读者，被翻译成了21种不同的语言。

【提示】

查尔斯·舒尔茨在屡屡失败，甚至被人们认为无可救药时，仍对生活抱着感恩的心态。正因为如此，他才能够将自己的潜能不断地激发出来，并在自己的画笔下发挥得淋漓尽致。

1. 遇到挫折和失败时，多一分感恩，少一分抱怨，会让我们看到新的希望，激发我们战胜困难的勇气，进而想尽一切办法走向成功。

2. 公司给了我们梦想起飞的舞台，工作教给我们生存的技能，同事与我们并肩作战。因此，我们对自己的公司、工作、同事都应怀有感恩的心，这样才能让自己的潜力得到充分发挥，脱颖而出。

[反思与提升]

- 面对上司和客户的“刁难”，你是怀恨在心，还是对对方的要求和甚至苛责心存感激，把这些当成历练？
- 面对几乎超出自己能力的工作，你是否认为这是你大显身手的好机会？
- 你是否能够用感恩的心，反思、对待每天发生的负面事情？

第2靠
second

态度：态度决定事业高度

态度决定事业的高度。端正态度，才能超越平庸。改变态度，就能改变自己的命运。积极主动的人，不只为薪水而工作，他们把自己视为单位的主人，始终相信自己能做到最好；他们把任何挫折、失败都当成有益的磨砺，勇于承担自己的错误，不断自我完善，努力拼搏，锐意进取……

端正态度才能超越平凡

"轰！"一声巨响，1938年，正在服兵役的欧洲射击运动员卡罗伊·陶卡奇在投弹训练时，一枚有问题的手榴弹突然在右手中爆炸了！他晕倒在浓烟中，战友们纷纷上前看护他。

"我的右手！"当卡罗伊·陶卡奇苏醒后，他发现自己没了右手——那只寄托着他奥运冠军梦想的手不见了！他的大脑顷刻间变得一片空白。当时，他正依照法律规定服兵役。1910年，卡罗伊·陶卡奇出生在匈牙利的布达佩斯，20世纪30年代闻名于射击界，成为欧洲射击运动的代言人，赢得了"欧洲人"的称号。

"一切都完了！"这个重大变故让陶卡奇顿时变得心灰意冷。

"卡罗伊·陶卡奇的射击生涯将就此结束。"人们也都这样认为。

为了减轻他心灵上的痛苦，让他重新振作起来，部队允许他继续留在军队中。

陶卡奇躺在医院的病床上，总是盯着那只空荡荡的右臂，目光呆滞，在心中一遍遍地抱怨着："我怎么这么倒霉，那枚有问题的手榴弹为什么偏偏就被我拿到，为什么又正好炸掉了我的右手？难道我的射击生涯就这样结束了？"他感到一种刺心锥骨般的痛苦。

一天，他不经意地用左手抚摸着右臂。突然，眼中闪过一道光芒。

"我的左手不是好好的吗？右手已经失去，我再抱怨它也不会长出来。既然无法改变眼前的事实，为什么不改变自己呢？没有了右手，我可以用左手继续我的射击生涯！"这个崭新的念头让他重新看到了希望，脸上也露出了久违的笑容，他不再抱怨，不再消沉。

在医院待了一个月，他就迫不及待地回到军队，用左手开始练习射击。

他虽然曾用右手在射击领域取得过辉煌成绩，可当他把枪握在左手中时，左手对枪的强烈陌生感，让他立即意识到：用左手射击，想着容易，真要做起来可是难上加难！以前所有的努力和成绩都已经随着右手的消失全部归零！

然而，陶卡奇没有退缩，他每天加倍练习，很快左手就对枪熟悉起来。有了感觉之后，他更加刻苦地练习着……

不可思议的是，之后的一年中，他便创造了奇迹：

他竟用左手赢得了匈牙利手枪射击锦标赛的冠军！

他还代表国家队在世界锦标赛中赢得了自动手枪的冠军！

“真是不可思议！”人们都说。

“我还有机会参加奥运会，我得更加努力地练习。”当人们惊叹时，陶卡奇却这样告诉自己。

1948年伦敦奥运会开幕，38岁的陶卡奇终于实现了参加奥运会的梦想！

“天赐良机！”他在赛场上用左手非常沉稳地射出每一发子弹，最终以580环的成绩获得25米手枪速射冠军！

当陶卡奇登上冠军领奖台时，场下爆发出经久不息的掌声。人们都被他战胜伤残，勇于挑战自我的精神所打动……

1952年，陶卡奇再次参加了赫尔辛基奥运会，成功地打破了自己的个人最好射击纪录，成为第一个蝉联奥运会速射比赛冠军的运动员！

【提示】

陶卡奇失去右手后，看似已经失去了射击比赛的生理条件，但是，他并没有消沉下去。相反，他改变“一切都完了”的悲观态度，改变用右手射击的固有思维，端正人生态度。积极的思维方式让他想到可以改用左手重新握枪，他终于重新把握住了成功的机会！

1. 如果遭遇到不幸，如果遭遇到糟糕的工作环境，如果暂时处于劣势，要立即停止抱怨。

2. 改变自己的消极思维和心态，端正态度，建立积极乐观的思维方式，就会想到积极的解决方案，才能超越平凡，产生积极的结果。

3. 暂时处于劣势并不可怕，通过刻苦的努力和训练，劣势也能变成优势。

4. 在技能方面，成功与努力成正比，只要我们付出足够的努力，功夫不负有心人，量变导致质变，奇迹自然就会降临。

[反思与提升]

· 当你遭遇不幸时，当你处于劣势时，你是怨天尤人呢，还是面对现实，端正态度，积极地努力呢？

· 当你在一家小公司工作时，你是抱怨公司环境不好呢，还是告诉自己“我在这样的公司里独当一面的机会更多，成长得会更快些”？

· 当客户刁难你时，你是在肚里暗骂对方呢，还是告诉自己“这正是我历练的好机会，一定要搞定他”？

改变态度就能改变命运

1848 年，他出生于非常贫瘠的美国新罕布什尔州桑顿乔森林地区，他 3 岁丧母，7 岁丧父，在最童真的年龄成了举目无亲的孤儿！

然而，他却成长为美国成功学的奠基人和历史上最伟大的成功励志导师，被誉为“成功学之父”。他创办的《成功》杂志在美国无人不晓，至今依然影响着千千万万的忠实读者，它传播的成功学改变了无数美国人的命运。

他就是大名鼎鼎的奥里森 · 马登博士（1848–1924）！

能够取得如此辉煌的成就，改变自己的命运，因为他总是能够在遭遇不幸和痛苦时，改变消极悲观的态度，鼓励自己建立起积极乐观的人生态度。

小时候小马登为了生存，只能寄人篱下。

那时，他过的简直就是奴隶般的生活，每天需要工作 14 个小时以上，却吃不饱饭。他没有朋友玩，也没有亲人可以依靠和倾诉。每天不停劳动的同时，还要忍受主人和小主人的嘲弄和虐待。

“我现在的生活虽然非常艰辛，但我只要努力，就一定会好转。”小马登始终都保持着积极的心态。

为了追求美好的生活，他先后换了 5 个主人。

遗憾的是，他的生活状况并没有得到丝毫的改观。

尽管遭受多次的失败，但他仍然对生活充满信心，他依然以积极的心态去面对一切。

“我必须逃离这种奴隶般的生活。”14 岁那年，小马登产生了一个大胆的想法。

成功出逃后，他辗转了不少地方，终于在一家锯木厂找到一份工作。

工作依然很辛苦，工资也少得可怜。

“我至少有了一定的人身自由！”这已经让他感到很知足，很高兴。

在锯木厂工作了一段时间后，他开始意识到知识的重要性。于是，他就用自己微薄的收入开始上学。从14岁到23岁，9年间他断断续续地读书，最终踏入了大学校门，并顺利拿到了波士顿大学硕士、哈佛医学院博士及波士顿大学法学学士等学位。

知识的积累使他的收入日渐丰盈，毕业时，他已经积攒了20000美元。

有了一定的积蓄后，他开始计划自己创业。

17年后，40岁的马登已经成长为美国旅店业举足轻重的大亨。

正当他的事业蒸蒸日上时，一场大火将他的旅店化为乌有！

他倾注了半生心血的5000多页的手稿也在大火中化为灰烬！

这场大火，还让他负债累累。

“生活给了我这么多别人不曾有过的馈赠——悲苦的童年、艰辛的奋斗、成功的事业、命运的磨难……我不能把它们浪费掉。还有谁比我更有资格从事成功学的创作呢？”如此沉重的打击并没有让他心灰意冷，相反，他决定开始自己的写作。

在积极心态的驱使下，他克服一切困难，终于在1894年完成了他的处女作《伟大的励志书》。

这本书发行之后，深受读者喜爱，一年之内便再版11次！至1905年，这本书仅在日本的销量就突破了100万册！

1897年，他创办了《成功》杂志，发行后，同样受到读者喜爱。杂志单期发行量超过30万册！

1911年，当他的事业再次达到巅峰时，命运又一次捉弄了他，《成功》杂志被迫停刊。他又一次被抛至谷底，又一次债务缠身！

“所有绝境的悬崖边，都必然会暗藏着一条通往光明的生路！”在这种积极心态的驱使下，他又一次从头开始。

经过不懈努力，1918年，他再次创办了《新成功》杂志，当时的他已是77岁高龄！

【提示】!

奥里森·马登童年孤苦伶仃，命运多舛，生活凄苦，备受奴役和折磨，事业之路一波三折。他之所以能在一次次跌倒后重新取得成功，完全因为他始终保持着一种积极的心态。他启示我们：改变态度就能改变命运。

遇到危机和灾难，克服消极心态、消极思维对思想和行为的束缚，尽可能以积极的心态对待工作，就能够将我们潜在的智慧和能力激发出来，创造奇迹。

反思与提升

在工作中遇到困难、挫折和危机时，你能够改变消极悲观的态度吗？你是如何做的？你觉得自己如何做会更好？

如果接连遇到挫折，你还会保持积极的心态吗？

做积极主动的职业人

原全球首富约翰·戴维森·洛克菲勒（1839–1937年）是美国实业家、慈善家，以革命石油工业与慈善事业而闻名于世。1870年，他创立了标准石油，在全盛期他垄断了全美90%的石油市场，成为美国第一位十亿富豪，财富总值折合到今日约在4000亿美元以上，被视为人类近代史上的全球首富。《福布斯》网站曾公布过“美国史上15大富豪”排行榜，约翰·洛克菲勒名列榜首。

然而，洛克菲勒最初只是一个大型连锁加油站的普通加油员。

虽然工资不高，岗位在最低层，工作又十分乏味，但这些丝毫没有影响他工作的积极性。

别人都是等车停好后，才慢慢悠悠走去给顾客加油，或者顾客在那里鸣笛催促才过来加油。

而洛克菲勒总是远远看见有车向加油站驶来，就已经做好了加油的准备。这样，当车停好后，他就可以立马为顾客加油，不仅可以节省顾客的时间，还可以避免在顾客催促下手忙脚乱。

那时，加油时，尽管加油员们都是很认真、很小心地操作，但油还是会多加或加满后溢出。长时间下来，浪费了许多油，也给加油站造成不小的损失。

对此，加油站的老板像他一样很心疼，也很无奈，因为这不是可以人为控制的。造成这种情况的原因是公司的加油枪设计太简陋，压力控制不灵敏，当时也没有更先进的加油枪可以更换。

“皇上不急太监急”，这种老板都束手无策的事情，洛克菲勒却上了心。

“如果我能把加油枪改进一下，让它不再漏油，不就可以为公司节省不少资金吗？”

于是，他从加油站找了一些报废的老式加油枪，利用工作之余的时间，把它们拆开仔细研究。最终，他能把加油枪拆装自如。

不过，洛克菲勒却弄不明白它的工作原理，也没法进行改造。

“这怎么办？难道就这样放弃？不行！我不能眼巴巴看着公司资金就这样一点点白白地流失！”

不甘心的洛克菲勒又找来一些相关书籍，一有空就埋头细读。经过一段时间的研究，他终于明白了加油枪的工作原理。

“我一定能找到改造的办法！”他尝试了多种方法之后，最终找到一个最好的改造方案，反复试验后，一个新型加油枪诞生了。

他兴奋地把新型加油枪送给老板说：“我们现在用的加油枪太浪费油，我把它改进了一下，做出了一个新型加油枪，可以很好地解决这个问题。”

“哦，是吗？”老板显然不相信一个普通的加油员能设计加油枪，而且比市面销售的还好用。

“是真的，您试试就知道了。”洛克菲勒肯定地说。

“行了，这事我知道了，你先工作去吧。”老板连看都没看那个加油枪一眼。

洛克菲勒只好拿着新型加油枪，垂头丧气地回到自己的工作岗位。

下班后，他又去找老板，在他的极力请求下，老板才勉强同意让他在自己使用的加油机上试用新型加油枪。

这让他非常兴奋，赶紧把新型加油枪装在自己的加油机上。然后，每次加油后他都会记下详细的数据。

三个月过去了，老板早已把新型加油枪的事淡忘。

一天，洛克菲勒拿着这三个月的记录给老板看，说："在卖出同样多油的情况下，用新型加油枪要比老式加油枪节约很多油。这是三个月试用新型加油枪的详细数据记录。"

这时，老板才又想起三个月之前一个加油员对他说过新型加油枪的事。老板有些不敢相信地看了洛克菲勒一眼，然后接过那些记录，仔细核算起来。当他确认洛克菲勒所说都是事实之后，脸上露出惊喜之色。他比谁都清楚，这将会为公司节省多少资金！

于是，老板让洛克菲勒指挥改良、更换了所有加油站的加油枪。

新型加油枪给公司带来的利润很容易就从财务数据上显示出来。

洛克菲勒也因此被直接晋升为一个加油站的经理。

从此起步，他后来成长为石油大王、全球首富。

【提示】

洛克菲勒积极主动地等待着为顾客加油，当他发现加油站的加油枪给公司造成了严重损失后，又积极主动寻找改良的方法，最终设计出新型加油枪，为公司节油的同时，自己也得到了晋升。

1. 作为公司的一名员工，要有主人翁意识，急顾客所急，想老板所想，积极主动地解决岗位中和公司存在的相关问题，自然就能成长为一个优秀员工。

2. 只要是公司内部的问题，不管是否与自己的职责相关，只要无人负责，自己都可以尝试去解决。

[反思与提升]

- 工作中，你能够积极主动地完成一切工作任务吗？
- 完成自己的工作任务后，你会积极主动去解决其他工作问题吗？
- 你积极主动地解决工作中任何细节问题吗？
- 你是否认为工作任务之外的与工作相关的问题都是分外之事，与自己无关？
- 你如何认识分内与分外的界限？
- 下班后，你还会考虑公司的事情吗？
- 如果发现自己的岗位或公司存在问题，你是积极主动寻找解决方案，还是不闻不问，独善其身？

做积极工作、机智执行的尽职者

1970 年，毛泽东就向斯诺表达过想和美国改善关系的外交意图。然而，一直缺乏合适的契机。

1971 年，中美紧张的关系被一个小小的乒乓球所化解，一时间，“乒乓外交”传为美谈。那么，“小小的乒乓球”又是如何融化中美冷冻的外交关系的呢?

当时，第 31 届世界乒乓球赛正在日本举行，中国、美国都派团参加比赛。

比赛期间，中国选手庄则栋和美国选手科恩成为好友，并互赠礼物。

这一事件引起了全世界各媒体的关注，并争相报道。

这一事件之所以能够成为全世界关注的焦点，是有深刻的时代背景的。当时中美关系正处于紧张之中，而庄则栋和科恩分别是中、美两国的乒乓球运动员，他们是代表各自的国家参赛的，在两国冷战的时代背景下两人居然建立了友谊，人们难免不将两人的关系跟两国的外交关系联系在一起。

这些报道引起了毛泽东的注意。

“我希望和我的队友们一起访问中国。”科恩接受记者采访时表示。

随后，北京就收到了希望能够批准美国乒乓球队近日访华的报告，报告是中国乒乓球代表团从日本名古屋发来的。

接着，毛泽东就收到关于不邀请美国乒乓球队访华的报告，理由是时机不成熟。报告是外交部和国家体委联合起草的。

收到报告后，毛泽东没有作出回应。看似球队间的小事，实则关乎两国的关系，他需要慎重考虑。

1971 年 4 月 6 日，世乒赛结束的那一天，毛泽东终于批示——不邀请美国乒乓球队访华，并让自己的护士长吴旭君把文件送到外交部。

吴旭君，1932年7月26日出生，福建德化人。1949年毕业于上海国防医学院护理科。毕业后在上海第二军医大学附属医院内科任护士长。1956年，参加中国共产党。1953–1974年，任毛泽东保健护士长。1954–1964年，兼任中央警卫局中南海保健处护士长。1969–1987年，先后任中国人民解放军305医院科主任、副院长、副主任护师。

当天下午4点多钟，外交部又将这一指示传达给了在日本的中国代表团。

当天晚上11点多钟，吴旭君突然发现，吃了安眠药趴在桌子上昏昏欲睡的毛泽东主席嘟嘟囔囔说着什么。她赶紧俯下耳朵仔细听，原来毛泽东在说："给外交部打电话，邀请美国队访华。"

这句话让吴旭君愣住了，白天的时候毛主席明明批示不邀请美国乒乓球队访华，这会儿怎么又说出相反的话，难道毛主席又改变主意了？但是，毛主席曾跟自己交代过："吃过安眠药以后讲的话不算数。"

吴旭君心里有些矛盾，毛主席一向非常重视中美关系，或许这是他在清醒的状况下作出的决定。但明明又与白天的文件意思相反，万一办错了，美国队真的来了，那可怎么办？

吴旭君看看表，已经快12点了，世乒赛也快该结束了。或许美国队明天一大早就回国了，这样一来，修复中美关系的机会就错过了。

吴旭君又反复向毛泽东询问、核实，确定是毛泽东主席在清醒的状况下作出的决定后，立即向值班室跑去，拨通外交部的电话，传达了毛泽东的最新决定。

就这样，在世乒赛最后一天最后一刻的这个电话，重新打开了中美友好交往的大门。

1985 年，吴旭君获中共中央保健委员会为表彰“在多年的党和国家领导人的医疗保健工作中做出的积极贡献”颁发的荣誉证书和奖状。

1988 年，吴旭君获中共中央军委颁发的“中国人民解放军胜利功勋荣誉章”。

【提示】

中美外交大门的打开，既是毛泽东的决策，更有吴旭君积极行动、立即行动、执行到位的功劳。如果吴旭君对于毛泽东当时吃过安眠药后的话完全不予理会，或者等到第二天毛泽东醒来再询问，中美可能又错过了一次恢复外交关系的良好机会。再好的决策，得不到执行也只能成为空话。

1. 在工作中，如果接到领导明确的重大决定，一定要立即执行，养成绝不拖延的好习惯。

2. 如果领导在做出重大决定时，摇摆不定，为了不错过时机，应该迅速核实确定，并采取果断措施执行决策。

[反思与提升]

· 你是一个机智的执行者吗？如果不是，你有这样的愿望吗？

· 知道如何才能成为一名积极工作、机智执行的优秀员工吗？

好事业是拼搏出来的

“砰！一声枪响，2004年8月27日，雅典奥运会男子110米栏决赛开始了。

选手们如离弦的箭，“嗖，嗖，嗖”，瞬间飞射而出！

时间一秒秒地过去，观众的心扑通，扑通地狂跳着。

转眼间，一名选手冲过终点，秒表在12秒91定格。

这是此次奥运会男子110米栏比赛的最短时间！这名选手也因此成为这项比赛的冠军，他的成绩平了由英国选手科林·杰克逊保持了11年的世界纪录。

他就是中国队选手刘翔！他的夺冠创造了中国人在短道项目上的奇迹，让世界为之震惊！

当刘翔登上领奖台，挂上那象征着无限荣耀的金牌，四周全是掌声、欢呼声……

此刻，刘翔的周身被光环笼罩。然而，只有刘翔自己心里明白，自己今天的成绩，完全是多年来奋力拼搏和无数平凡单调的训练换来的。

1983年7月13日9点28分，刘翔降生于上海。

7岁时，刚刚上小学的刘翔，被上海市管弄小学的校田径队教练仲锁贵选中，开始了他艰苦的田径练习。

1993年，刘翔小学四年级还未读完，由于表现突出，又被顾宝刚老师选入上海市普陀区少年体校，开始了职业运动生涯，以练习跳高为主，另外辅助练习100米短跑等。

1995年，刘翔在一次市100米跑比赛中，因为出色的表现，被上海体育运动技术学院田径队二线队教练方水泉看中，随后开始练习跨栏。

1996 年，刘翔获得上海市少年田径锦标赛乙组冠军。这是他获得的第一个跨栏冠军。

2001 年 5 月 28 日，刘翔获得了世界大学生运动会 110 米栏冠军，这是他获得的第一个世界冠军头衔。

2002 年 7 月，瑞士国际田联大奖赛中，刘翔跑出 13 秒 12 的成绩，打破了 13 秒 23 的世界青年纪录。

刘翔的舞台逐步扩大与成绩的步步高升是相辅相成的，而这些又都是他点点滴滴苦练的结果。

从进入田径队接受正规训练以后，刘翔每天都要重复那些看似机械的运动：仰卧起坐、负重深蹲、起跑、重复跨栏等等。这些平凡的动作，刘翔日复一日、年复一年地坚持着，而且每项运动一做就是几千个。

为了让他的基本功练得更扎实，教练把他的腿用力地向上抬，放在自己的肩上。每当这个时候，刘翔便会感到一阵撕裂般的疼痛顺着被教练抬起的腿蔓延，直到钻入心脏。那种痛用“撕心裂肺”形容一点不为过，豆大的汗珠从他额头滚下，刘翔咬紧牙关，坚持着、坚持着……直到教练把他的腿放下。

这样的练习是为了让他腿部的肌肉更加强韧有力，虽然疼痛难忍，刘翔仍每天坚持做着。练久了，疼痛感就越来越弱，做起来也轻松多了。后来，他不需要教练协助，自己就可以把腿搬到自己的头顶上。

队员们每天面对这些平凡、枯燥的训练，时间久了难免会感到厌倦。那些觉得训练既无聊又折磨人的队员，便会趁教练不在的时候偷懒或随意摆个架势做做样子。

而刘翔每天都能认真地去完成各项训练，从不应付，每个动作都会用心做到位……

2004年，雅典奥运会男子110米栏夺冠之后，刘翔多次在国际田径赛事中夺冠，成为世界最优秀的男子110米栏运动员之一。

【提示】

刘翔以短短的12秒91所缔造的成就，是上天垂怜，还是偶然的运气？当然都不是！刘翔能取得那样的成就，是功到自然成，是他刻苦训练的必然结果。正是凭着积极进取的激情和不怕吃苦的拼搏精神，刘翔练就了一身扎实的基本功和良好的意志品质，最终夺得奥运冠军。

“台上一分钟，台下十年功”，每个非凡成就的背后都有拼搏的汗水。激情、勤奋、拼搏是脱颖而出的法宝，只有付出更多的努力，才能独占鳌头。

1. 好事业是拼搏出来的。不能仅仅靠拼爹，靠拼关系。即使有好的背景，如果没有后天的拼搏，也难以胜任工作中不断出现的新挑战。

2. 要克服怕吃苦的心态，树立积极昂扬的心态，它是激情澎湃、勤奋拼搏的总发动机。

3. 积极进取，勤奋学习，努力拼搏，可以弥补自己的短处和不足，快速熟悉环境，快速熟悉工作业务，快速获取更多的工作经验。

4. 每天提前上班做一些额外工作，会让你得到额外的欣赏、信任与额外的提升机会。

【反思与提升】

· 你是一个怕吃苦的人吗？

· 为了自己的人生目标，你能够付出足够的努力去拼搏吗？

· 你相信功到自然成吗？

· 为了快速脱颖而出，你是否已经做好了激情拼搏的准备？

· 你打算如何做？制订出你的拼搏计划。

“我”就是企业的主人

“牙龈怎么又出血了？”早晨起床刷牙时，他心里又犯起了嘀咕。“这是我牙齿的问题，还是牙刷的问题呢？”

在公司产品设计部工作的他开始关注、思考这个问题。

“你早上刷牙时，牙龈会出血吗？”他一到公司，就问其他同事。

“会呀，怎么了？”同事回答说。

“没什么，我刷牙时，牙龈老是出血，我以为是我的牙的问题，现在看来是牙刷的问题。”他皱着眉头说。

“牙刷能有什么问题？或许是我们刷牙时，用力太大了。”同事不以为然地说。

这种解释并没有让他满意。

晚上回到家后，他立即拿出牙刷，尽量把动作放轻缓些，但牙龈还是出血了。

“会不会是牙刷太硬了？”他想着就漱了一下口，把牙刷浸泡在热水里。

过了一会儿，牙刷稍微软了些，他又重新挤了牙膏放在牙齿上刷。没刷几下，牙膏产生的泡沫又变成了淡淡的红色。

“照这样看来，客户在刷牙时牙龈也会出血。这虽不是什么大不了的事儿，但这确实是公司产品的缺陷。我作为公司的一员，就应负起一定的责任，设法解决这个问题，在填补产品缺陷的同时，也填补了公司在这方面责任的空白。”

于是，他开始留心研究牙刷毛。

“原来牙刷毛的顶端看似尖的，实际上是四方形的！”当他把牙刷毛放在显微镜下时，有了一个重大发现。

“照这样看来，刷牙时之所以牙龈会出血，是因为牙刷毛顶端生硬的边棱划破牙龈处柔嫩的肉皮所致。如果我的推测不错，问题就好办多了，只要把牙刷毛的顶端改成圆形，就可以避免刷牙时伤害到牙齿周围的肉皮！”

他的这一推测很快得到公司的认可，于是，公司对牙刷毛做了改进，生产出新型牙刷。

经改进后的狮王牙刷被申请了专利，而且它的细丝获得了国际专利。

这种新型牙刷在广告媒体的大力宣传下，销量一直攀升，很快便占领全国同类产品 40% 左右的市场份额。

他也因此由日本狮王株式会社的一名普通员工，晋升为科长。

在工作中，他一直保持这种主人翁精神，十几年后成长为公司的董事长，他就是加藤信三。

【提示】

加藤信三的主人翁精神，使他从一名小职员最终升为公司董事长。他启示我们：我们应该树立“我就是企业的主人”的信念，把公司存在的问题当作自己责无旁贷的责任，主动去解决问题，弥补责任空缺，必将使自己得到提高，并得到老板的重用。

1. 即使自己是一个基层职员，也要树立主人翁精神。

2. 当发现公司存在一定的问题时，应主动设法解决，以填补责任空缺。

3. 工作是为老板，更是为自己。通过你的劳动，老板得到的只是有限的物质利润，而你所积累的经验却是自己终生受用不尽的无价财富。因此，要树立主人翁精神。

【反思与提升】

· 你觉得公司存在的问题跟你有关系吗？

· 当你发现公司存在的问题后，你是什么态度？你是主动设法解决，还是熟视无睹？

· 为了树立自己的主人翁精神，你打算怎么做？

保持对工作的热情

“我一定要一次性做到位，况且这是公司给我的第一项任务，做砸了我以后还怎么在公司工作？”1960年10月17日，已经获得伊利诺伊大学化学工程博士学位的杰克·韦尔奇，正式开始在通用电气公司塑胶事业部工作。上班后，公司给他的第一项任务是找块地方建个工厂，作为制造PPO（一种用于化工的新材料）的示范场地。建工厂可不是件小事，各方面都要提前考虑周全，否则，等投入生产后就会出现许多问题，到那时候再修补就太麻烦了。想到这些，杰克立即行动去寻找地方，他决定全力以赴，一定要出色地完成任务。

看过许多地方后，他选定了皮茨菲尔德的一座破旧的楼房。

工厂动工后，大大小小的事情一件接着一件。

杰克打起十二分的精神，想尽一切办法，把一个个问题处理得妥妥当当。

朋友见他为工作如此卖力，就打趣说：“给公司办事，能交差就行，哪有像你这样拼命的？！”

杰克笑笑没说什么，依然像往常一样工作着。

“我要把这项任务出色地完成，而不只是为了应付差事。”他一直这样在心中提醒自己。

一年之后，工厂终于建成，杰克的心血总算得到了肯定。他不仅得到了很高的年度评语，而且深受部门负责人鲁本·古托夫的器重。

随后，杰克被任命为PPO工艺开发项目的负责人。

PPO材料一直难以塑造成型，所以它的市场并不被人们看好。

杰克并不理会这些困难，而是全身心地投入到自己的工作中，最终研制出了一种叫“诺瑞尔”的塑料制品。这种材料在高温下具有很高的强度，并且容易塑造成型。

当时人们所使用的所有器具都是用金属制造的，既笨重，价格又昂贵。如果能用塑料代替金属，器具便能轻便许多，而且价格也会低廉许多。到时候将引发一场席卷世界的大革命，其市场之大可想而知！

想到这些，杰克兴奋不已。

看准PPO材料无限的市场潜力，杰克向公司提出建议，投资1000万美元建立一座“诺瑞尔”加工厂。

公司最高领导人研究后，采纳了他的建议。但同时也有人议论纷纷。

“‘诺瑞尔’是个新事物，它会不会被人们接受还是个未知数。”

“‘诺瑞尔’的市场还不确定，草率决定进行这么大的投资，可能血本无归！”

“现在有谁出头接了这个担子，日后市场做不起来，不仅不能给公司创造利润，到时候还免不了要背骂名！”

……

结果，在反对和质疑声中没有人敢去负责这个项目。有能力、有实力去做这个项目的人都唯恐避之不及。

看到这种情形，杰克便主动找公司最高领导人说：

“这既是我的提议，现在又没人愿意接这个项目，如果您信得过，就把它交给我吧。我一定全力以赴，把工作做到位，绝不辜负您的重托！”

看到杰克的决心，再想想其他人的态度，公司最终决定让杰克做这个厂的负责人。

杰克心里明白，这将是一场艰苦坎坷的路程，自己必须全力以赴，才能做出成果。其中最先要做的就是让人们接受塑料制品，这也是最艰巨的任务。

反复思考后，杰克决定先从公司内部切入，先让通用公司的人认可塑料制品，然后逐步向外渗透。

于是，杰克在他的工厂里用“诺瑞尔”制造出了电动罐头起子向人们展示，并邀请一些人亲自试用。

当一些人用过后，他们真切地感受到了塑料的广泛用途。

杰克趁机对大家说：“大家看到的，仅是塑料微不足道的小用途。能够使用塑料的地方要比我们所能想象的多许多，比如，容器、包装、玩具等，它甚至可以用于制造电器外壳和汽车车身。”

为了让更多的人认可塑料这种新型的特殊材料，杰克用尽了各种办法。

他先向那些小器具用品的制造商们发动进攻。让他们了解到，用塑料取代目前的金属，不仅可以让产品即轻便又便宜，而且更加耐用，在为制造商节省大量成本的同时，也提高了产品的竞争力。

另外，杰克还专门设计了一个有趣的广告：一对野牛冲进了一家瓷器用品店，结果店里所有的东西都摔得粉身碎骨，只有塑料制品完好无损。

广告播出后，人们反应强烈，好像都在一夜之间看到了塑料制品的优势。

广告的空前成功，使美国消费者对这种比金属和玻璃有更多优点的材料越来越青睐。

制造业的材料革命就此被引发了……

因为推销“诺瑞尔”的成功，杰克成为通用电气公司最年轻的一位总经理。

【提示】

面对工作中的一次次挑战，杰克总是满怀激情、抱着全力以赴的心态去做事，每次总能出色地完成工作项目。

当我们缺乏激情，以应付的心态去工作时，其实已经为自己的失败埋下伏笔。很多时候，必须满怀激情、全力以赴才能实现预期的目标。

一旦我们满怀热情、全力以赴，便不再害怕失败，遇到困难就会只想着如何解决。以这样的劲头工作，取得最终的成功是必然的。

【反思与提升】

· 面对上司交给的任务，你习惯于应付，还是满怀热情、全力以赴地去做？

· 你尝试过满怀热情、全力以赴做事的力量吗？

· 如果你还有问题难以解决，你会满怀热情、全力以赴去做吗？

· 你目前最大的工作问题是什么？尝试满怀热情、全力以赴去解决。

相信自己能做到最好

“我要不依赖舅父，自己养活自己的母亲和三个弟妹，我相信自己能够做到最好！”1940 年，中国正处于战乱之中。为躲避日本侵略者，1928 年出生于广东潮州的李嘉诚随父母逃往香港，投靠家境富裕的舅父庄静庵。1943 年，父亲病逝，家里失去顶梁柱。

抱着这种信念，李嘉诚辍学走上社会，找到了一份茶楼跑堂的工作。

1945 年，李嘉诚在一间钟表店当店员，学会了钟表装配修理技术。

1947 年，李嘉诚到一家五金厂当推销员。

后来，李嘉诚又应聘到一家塑胶公司做了一名推销员。

当时，公司里除他之外还有 6 名推销员，他们都是以前公司从众多应聘者中择优选出的佼佼者。他们年龄都比李嘉诚大，资历也深，而且也都有着丰富的经验和一些固定客户。在这种情况下，李嘉诚的销售业绩自然与他们相差甚远。

李嘉诚不甘落后于人，于是他就给自己定下了明确的工作目标：

3 个月后，做的和其他推销员一样出色；半年后，超越他们。

李嘉诚心里明白：定出目标容易，而自己处处不如别人，想要实现目标，谈何容易！

不过，既然已经明确目标，无论如何都要实现它。他激励自己说：

“我相信勤能补拙，自己能够做到最好，别人做 8 个小时，我就做 16 个小时！”

于是，他每天大清早起床，背起一个装着样品的大包，马不停蹄地串街走巷，风雨无阻。

一整天奔跑下来，运动负荷非常大，如果没有好的体质和坚强的毅力，无论如何是撑不了几天的。而且，李嘉诚在港岛的西北角，多数客户在港岛中区和隔海的九龙半岛，他常常要乘巴士或渡轮来回奔波，这让他感到更加疲惫。

好在李嘉诚曾在茶楼做过一年跑堂，腿上功夫还算扎实，这点苦累对他来说还不算什么。

但是，推销不是单凭腿勤快就能做好的，还必须有一定的技巧才能做得游刃有余。

李嘉诚推销的塑胶洒水器是新型产品，几天下来，路没少跑，客户没少见，话也没少说，可就是无人想买！

这可怎么办？

他转念想到：新产品不容易被人们接受也是情理之中的事，但是自己必须得想办法赶快推销出去，否则，怎样完成自己定下的目标？

第二天，他一大早就风尘仆仆地赶到一家批发行，人家还没上班，他便已经等在了门外。

这时，他看到一个清洁工在打扫卫生，尘土飞扬，经过的人都忍不住干咳几声，然后捂住鼻子匆匆走远，清洁工更是灰头土脸。

李嘉诚突然眼前一亮，计从心生。他跑到清洁工面前礼貌地问：“你好，请问这附近哪里有水？”

清洁工给他指了指，李嘉诚匆匆跑过去又跑了回来。然后，他乐呵呵地站在清洁工前面洒水。

清洁工看看他，没说什么，接着只顾扫自己的地。

洒过水后，再扫地时便不再有飞尘，清洁工自己也觉得舒服多了。

这时，有位工作人员走进批发行。

李嘉诚抬头看了一眼，接着低头洒水。他把批发行门外的一块地方全洒完之后，才走进批发行，找到刚才那位工作人员，说明了自己的来意。

经介绍后，他才知道那人就是负责日用器具的部门经理。

经理看了看李嘉诚后说："你就是刚才在外面洒水的小伙子吧？"

"是的，您刚才都看到了？"李嘉诚反问了一句。

"嗯，看到了，你的这个洒水器确实挺实用的。以往清洁工扫地时到处都是尘土，今天洒水后，好多了。我想这么实用的东西一定会很受欢迎的，我愿意销售这个产品。"

李嘉诚没想到，这么一个小小的主意，竟让自己不费吹灰之力就把洒水器推销了出去。

有了这次经验之后，李嘉诚再跟客户洽谈时，注意观察研究客户的喜好，然后采用不同的方式对待不同的客户。时间久了，就总结出了不少销售技巧。

李嘉诚的销售经验一点点积累起来，客户也越来越多，业绩随之也越来越好。

不知不觉，李嘉诚在塑胶公司已经工作了一年。当老板拿出财务统计结果时，连李嘉诚自己都大吃一惊：他不仅早已超越了另外 6 个推销员，而且，他的销售额是第二名的 7 倍！

自己已经成功地实现了先前定下的工作目标！

李嘉诚感到异常高兴，他不自觉地露出了最开心的笑容。

1948 年，李嘉诚被任命为塑料花厂的总经理，当时他还不到 20 岁。

1950 年，李嘉诚用自己平时省吃俭用积蓄的 7000 美元，在筲箕湾创办了"长江塑胶厂"。

1972 年，李嘉诚的"长江实业"上市，其股票被超额认购 65 倍。

1999年，长江实业集团除税后盈利达1850亿港元。李嘉诚成为亚洲首富。

2012年，福布斯富豪榜中，李嘉诚排名第九位。

【提示】

李嘉诚相信自己能够做到最好，在自己设定的工作目标的指引下，经过不断努力，终于超越了各方面条件都比自己优越的老员工。正是“相信自己能够做到最好”这个理念一直激励着他，让他不断寻找方法、克服困难，同时积累下许多工作经验。

1. 相信自己能够做到最好。

2. 明确当前的人生目标。

3. 根据当前的人生目标，制订出明确的工作目标。明确的工作目标是一种强烈的自我暗示。目标就像灯塔一样，为我们指明航向，给我们一个看得见的彼岸，坚定了我们的信念。目标把我们的精力和时间都引向工作，促使我们积极主动地去努力，不断地激发自己的潜能，激励自己克服困难不断前进，督促我们尽最大的力量去完成工作目标。

4. 开动脑筋，不断尝试新的方法，克服一切困难，实现工作目标。

【反思与提升】

· 你相信自己能够做到最好吗？

· 你当前的人生目标是什么？如果还没有，明确自己的人生目标。

· 要实现自己当前的人生目标，你应该制订什么样的工作目标？

· 为了实现工作目标，你都运用过哪些方法？

· 你实现目标的过程顺利吗？

· 你觉得还有其他的方法可用吗？

· 评价你的业绩，还有哪些地方可以改善？

任何磨砺都是有益的

“要想吹好萨克斯，单靠嘴和气远远不够，还要靠一颗不畏失败、不言放弃的心。”100多年前，萨克斯管的发明人阿道夫·萨克斯的这句话，不但道出了吹好萨克斯管的诀窍，也道出了他发明的新乐器——萨克斯管从不为人知到名扬天下的秘密。

阿道夫·萨克斯出生在比利时，他曾经历过多次人生磨难：小时候，他误食过硫酸，误吞过缝衣针，还曾摔倒在炙热的炉火上……每一次都如同生死劫，能活下来简直就是奇迹。

他从小痴迷音乐，在做木匠的时候，他利用所有的闲暇时间摆弄各种各样的单簧管和长笛。

21岁时，令阿道夫·萨克斯欣喜不已的是，他用铜做的抛物线状的圆锥管体，装上哨头和按键竟能吹奏出悠扬的声音！这种特别的乐器后来被以他的名字命名。

“如此美妙的声音应该让世界上的人都能够欣赏到，我一定要把它推广给所有的人！”有了这种想法，萨克斯只身来到巴黎，开始了他漫长的推广萨克斯管的生涯。

他走进一家家乐器店，挨家挨户向他们介绍他的铜管，全身心地给他们吹奏……

不知不觉9年过去了，却一直无人理会他发明的这种新乐器。

但他始终不愿放弃，他坚信如此美妙的音乐一定会有人喜欢，他就这样一直坚持着……

一次偶然的机会，阿道夫·萨克斯的吹奏被音乐家柏辽兹听到了。

“这是一件不错的乐器！”柏辽兹从未听到过如此特别的声音，对音乐的敏感让他产生了这样的直觉。

“你吹奏的是什么乐器？”柏辽兹走到萨克斯跟前好奇地问。

“这是我自己做的，还没起名字。”萨克斯回答。

“哦？那你可真是了不起！”柏辽兹看着这个奇怪的铜管，接着说，“这个乐器吹奏出来的声音非常特别。我为它谱写一个曲子，你到音乐会演奏如何？”

萨克斯简直不敢相信自己的耳朵，一时之间没反应过来，傻傻地愣在那里。

柏辽兹见他没答话，又追问道：“怎么？你不愿意？”

“嗯，不，我愿意，我愿意！”梦寐以求的机会突然降临，让萨克斯高兴得有些语无伦次，竟忘了说声“谢谢”。

音乐会的时间到了！萨克斯坐着马车赶到了音乐会现场。

“很快就会有更多的人听到我发明的乐器吹奏出的美妙音乐了！”

他正暗自高兴时，不幸再次降临！

“啪！”由于马车颠簸得厉害，他的铜管不慎摔下马车，断裂成了两截儿！

看着已经摔坏的铜管，萨克斯懊恼到了极点：“我怎么这么不小心！为什么我不抱紧它？这是一次多么难得的机会，难道就这么放弃？天晓得错过了这次机会还会不会有下次机会？！”

苦苦推介了这么多年，萨克斯不甘心就此作罢。他捡起断开的铜管，把它们重新合在一起，用力地吹气，优美的音乐飞扬出来……

这让他心里舒服了许多。

“还好，还能奏出音乐，虽然需要耗费更大的力气，但还是可以演出。”

想到这里，他赶紧往音乐会现场赶。

由于时间紧迫，他来不及将铜管黏合上就登上了舞台。

他的两只手使劲将两截铜管摁在一起，一点不敢放松，生怕影响它发出的声音。这样一来，他就无法翻乐谱，只能凭记忆演奏，忘记的地方，他就干脆持续吹长音，直到想起乐符再续上……

尽管如此，观众还是在那支铜管奏出的优美的音乐声中陶醉了……

演奏结束后，大厅里响起了雷鸣般的掌声！

掌声表明了他演奏的成功，说明了人们已经接受并喜欢上了他发明的铜管发出的声音！

看到这些，萨克斯激动地起身致谢，一时间疏忽了铜管是两截，随着他的起身，半截铜管滑落到地上。

这时观众才发现，刚才听到的美妙音乐原来出自一支破损的乐器！

人们被铜管那悠扬的乐声所折服，更为萨克斯坚韧的性格、善始善终的做事风格所感动。

有了这次成功的演出，萨克斯的铜管很快流传开了，并深受人们的喜爱。

后来，萨克斯被巴黎音乐学院聘请为教授。

那只铜管则以他的名字命名，萨克斯管就这样成为了世人皆知的著名乐器。

【提示】

阿道夫·萨克斯经历过多次人生磨难，屡受挫折，却从不轻言放弃。为了推广自制的铜管，他坚持 9 年，哪怕最后仅握着一只摔断的铜管，他也要把演奏进行到底。面对磨难和挫折，他坚忍不拔，持之以恒，最终取得了事业的圆满成功。

不管遇到任何磨难、挫折和失败，都不要轻言放弃，相反，要把那些磨砺当成人生的营养，以绝不放弃的恒心和勇气善始善终，只有这样，才能让事业和人生达到自己理想的高峰。

【反思与提升】

· 你是个不怕磨难与挫折、有恒心、做事善始善终的人吗？

· 上司交给你的工作任务，你有过半途而废的经历吗？

· 反思自己的经历，如果再有一次机会，你会怎么做？

· 回顾自己因坚持而善始善终的经历，并将这种精神应用到更困难的工作上。

勇于承担自己的错误

“斯坦做的这项估算有误！”斯坦是德国奥托集团的工程评估师，专门估算各项工程所需的价款。一次，一个核算员发现他的估算问题后报告给了董事长吉诺·鲍洛奇。

“你做的这项估算出了差错，拿回去更正一下吧！以后工作时认真点，不要再犯这样的错误。”鲍洛奇把斯坦叫到办公室，严肃地对他说。

斯坦不仅不肯承认自己的错误，反而大发雷霆，攻击起核算员。他说：“那个核算员没有资格复核我的估算！更不应该越级向您报告！”

斯坦的态度让鲍洛奇很不高兴，严厉地问：“你这是什么态度？一个人犯了错，谁都可以指出来。别人指出你的错误，那是对你负责，你自己更应该勇于承认。你怎么可以抛开自己的责任，反倒推说别人的不是？”

斯坦感到自己理屈，气呼呼地把头扭向一边，“哼”了一声，什么也没说。

鲍洛奇语气稍微缓和了一点，说：“好了，这次就算了，你回去好好再核算一遍。如果再有下次，我一定会追究你的责任！”

没过多久，斯坦又有一个项目估算出了错误。

鲍洛奇再次把他找来，严厉地问：“这才几天，你的估算怎么又出了错误？”

斯坦听后非常生气，带着挑衅的口气说：“行了，你别说了。每个项目的估算我都做得很认真，不可能有错。一定是上次的事，那个复核员还对我怀恨在心，所以故意找我的茬儿。这次一定不是我的错。”

斯坦的态度让鲍洛奇很失望，说：“你怎么还是不知道认错。这样吧，你自己找人复核一下，看是谁的错。然后再来找我。”

斯坦果然去请了个专家，核算之后发现确实是自己错了。

但是，他面对鲍洛奇，嘴巴依然很硬，即使自己无理也要争三分。

斯坦语气十分生硬地说：“我天天对着那么多数据算来算去的，大脑一直都在超负荷运转，偶尔犯点小错误也很正常，用得着这么大惊小怪吗？”

斯坦的态度让鲍洛奇非常恼火，他忍无可忍地说：“是的，人都会犯错，犯了错是不值得大惊小怪的，关键是面对错误的态度。别人既然已经给你指出来，你就应该诚恳接受并勇于承担责任。”

鲍洛奇依然固执地争辩道：“责任？公司不是请了复核员吗？他们都已经查出来了，又没给公司造成任何损失。我还有什么责任需要承担的？”

“你简直没有一点责任心！犯了错不仅不肯承认，还不允许别人指责。我想我们公司不适合你，你还是另谋高就吧！”

【提示】

人人难免都会有疏忽出错的时候，但是，只有那些勇敢地承认错误，勇敢地承担自己的责任、敢做敢当的人才会受到欢迎。

1. 勇于承认错误，不要认为这是丢面子，这种勇于承担责任的表现会赢得别人的尊重。而犯了错误不肯承认，找借口为自己开脱、辩解，是一种逃避责任的表现。推卸责任，不仅会被别人看不起，往往也会将自己纠正错误的机会一起推掉。

2. 懂得从错误中吸取教训，不再重蹈覆辙。

3. 犯错误后要积极地寻求补救的办法。很多时候，责任并没有我们想象得那么沉重，勇敢地承担起来，它不会把你压垮。勇于承担责任，会让自己变得成熟，变得强大。

【反思与提升】

· 你勇于认真承担责任吗？

· 如果你出现了失误，犯了错误，你将如何办？

第3靠
third

专注：夸夸其谈不如踏实做事

夸夸其谈、心浮气躁、马虎轻率、投机取巧，不如踏实做事，只有集中精力，全身心地专注于工作，耐心工作，精益求精，善始善终，重视每一个细节，细心谨慎，才能够不断地自我完善，创造完美。

集中精力，专注工作

“一个人如果缺乏专注工作的精神，那么他就永远无法抓住成功的机会。”IBM 营销部经理约翰先生总是这样对人说。IBM 公司是全球最大的信息技术公司，汇聚着各种顶尖人才。公司要求每位员工无论做什么事情，都要专心致志。因此，在招聘新员工时，也会注重这方面的考察，通常在最后一关，都由总裁亲自考核应聘人员的专注能力。

专注工作的道理，是约翰在未进入 IBM 之前的面试中学到的。那次面试也成为他人生的一个重要转折点。

当年，约翰凭着自己的才华过五关斩六将，终于到了面试的最后一关。

“这是最后一关了，不知道会是什么样的考题。”约翰心中猜测着走进考场。

主考官只有总裁一人，见约翰进来，就示意他坐下。然后说：“你准备好了吗？可以开始了吗？”

约翰挺了一下腰，点点头说：“准备好了，可以开始了。”

“你面前有一篇文章，请你一字不漏地把它读一遍，最好能一刻不停地读完。”总裁对约翰说完就走出了考场。

约翰心想：“我还以为什么难题呢，原来是读一篇文章，这太简单了，这次我赢定了。”他深吸一口气，开始认真地大声读起来。

一会儿，一位漂亮的金发女郎款款走来，对约翰说：“先生，您读了半天，一定口渴了，请喝杯咖啡，休息一下吧。”说着把一杯热气腾腾的咖啡放在约翰面前。

约翰仍然大声读着文章，似乎并没有听见女郎的话。

又过了一会儿，有人从门口跑过，嘴里大声喊着："好消息，好消息！"

金发女郎闻声，快步走到门口，叫住了那个人，问："什么好消息，说给我听听。"

两人便站在考场门口，大声地讨论着所谓的好消息，你一言，我一语，有说有笑的，笑得还很夸张。

约翰依然大声读着他手里的文章，好像耳朵被堵死了，对考场门口的喧哗一点反应都没有。

又过了一会儿，不知哪里来了只小猫，用舌头舔着约翰的脚踝，他本能地移动了一下脚，眼睛仍一眨不眨地盯着手里的文章大声读着。

这时，那位漂亮的金发女郎又走过来，对着小猫说："好可爱的小猫！你是从哪里来的？"说着，便俯下身，抱起小猫走出了考场。

约翰仍然大声读着手里的文章。

又过了一会，约翰终于停了下来。他松了一口气，说："终于读完了。"脸上露出满意的笑容。

这时总裁走了进来，问："读完了？"

"嗯，完了。"约翰笑着说。

"这里怎么多了一杯咖啡？是谁端来的？"总裁指着约翰面前的咖啡问。

"咖啡？哦，不好意思，我刚才只顾着读文章了，没注意到。"约翰这时才发现自己桌子上多了杯咖啡。

"有人在你面前放了一杯咖啡，你怎么都不知道呢？"总裁接着问。

"我刚才一心只想着必须一刻不停地读完那篇文章，眼里、脑子里就只有那些字母，其他的什么都不知道。”约翰解释说。

“那么，趴在你脚上的那只小猫你也不知道喽？”总裁笑着问。

“哦，原来是只小猫呀，我只记得感觉脚上痒痒的，我还挪了一下脚，其他的就不知道了。”约翰回忆着说。

“恭喜你，你通过了这次面试。”总裁笑着对约翰说，“刚才的一切，都是我特意安排的，是为了分散你的注意力。没想到，你却能一直专注地读文章，好像什么都没发生过。在你之前，已经有59人参加考试，可没有一个人通过。你表现得很好，被公司录取了！”

总裁接着说：“在纽约，有着专业技能的人很多，能够专注工作的人却很少！你会有很好的前途的。”

从此之后，约翰凭着专注的工作精神成为了IBM营销部的经理。

【提示】!

人的精力是有限的，要想在短暂的人生中有所成就，就要集中精力，专注工作。

1. 专注于一件事，可以达到事半功倍的效果。

2. 只有专注，才能不断改善工作方法，从而提高工作效率。

3. 事务越多，越是应该专注于最重要的工作，只有这样才能有条不紊地从容应对。

【反思与提升】

· 你是否总觉得事务缠身，心烦意乱？

· 你能在事务缠身时专注于最重要的工作吗？

· 为了使自己能够专注于最重要的工作，你打算怎么办？

全身心地投入到工作中

15岁的他刚刚读完小学就离开家乡，只身一人到台湾谋生。

由于没有技能，年龄又小，想找份工作可不是件容易的事。

最后，一家米店老板把他留下做杂工。

工作来之不易，他十分珍惜，全身心地去完成老板吩咐他的每一件事。

每天早上上班时，他都会把柜面擦拭干净，把货物摆放整齐。

“太太，您需要点什么？”见有人走进米店，他就赶紧热情地上前招呼。

有顾客买的米较多时，他也会在老板的安排下帮顾客把米送到家里。

每次顾客跟老板讨价还价时，他总会在一旁认真听，从中学习做生意的说话技巧。

“米店的经营方法我已经学会了，与其在这里给别人打工，不如自己开一家米店。”有了这种想法后，他便请求父亲帮他借钱。

“我要自己开一家米店，您可以帮我借200元钱吗？”16岁的他向父亲提出这样的请求。

父亲东拼西凑总算给他凑足了200元，他把这些钱作为本钱在嘉义开了一家米店。

看着别人做生意那么简单，自己真开了店，才知道老板不是那么好当的。

一天、两天、三天……半个月过去了，他还没做成一单生意。

后来，他发现附近居民食用的米都由固定的米店供应，自己的米店是新开张的，自然无人问津。

“不能再这样守株待兔了！”

于是，他挨家挨户到居民家走访，向人介绍自己店出售的米。半个月下来，总算有人愿意试用他的米。

“要想让店里的生意红火起来，只做这些还远远不够。我必须从服务质量着手，全身心做好每一个细节！”

他发现米里有杂物，就一粒一粒把杂物拣干净再卖给顾客。

“怪不得你家店里的米看着比别家干净得多，原来你都是这样一点点把杂物拣出来的！”一天，一位顾客来买米，正好看到小伙子在认真地拣米里的杂物。

“哦，我这只是举手之劳，能让大家买着放心，吃着舒心就好。”小伙子笑着说。

“生意人难得有你这样的细心周到，以后我都在你这里买米了。”顾客显然心里很舒畅。

“好的，如果您需要的多，我还可以帮您送到家。”小伙子又热情地补充了一句。

“回去后，我让邻居们都到你这里来买米。”顾客也热情地要帮小伙子介绍生意。

……

一天晚上，小伙子正要去给一位顾客送米，天空下起了雨。

“这怎么办，我已经承诺顾客今天晚上把米送去，不能失信呀。可现在下起了雨，冒雨送去又会把米淋湿。这可怎么办？”小伙子犯起了愁。

这时，他看到一个人顶着一块雨布在街上跑，心中便有了主意：“对呀，如果用雨布把米裹起来，不就不怕雨淋了？”

想到这里，他赶紧跑去买了一块足够大的雨布，把米袋裹得严严实实，仔细检查确定不会进水后，才冒雨给顾客送去。

“这么大的雨你还连夜把米送来，真是辛苦你了。以往雨天店家是不会送米的。”顾客见到被雨水淋湿了身子的小伙子后十分感激地说。

“赶紧把雨布打开，看看里面的米有没有被淋湿。”小伙子不顾自己被淋得像只落汤鸡，急切地想知道给顾客送来的米有没有淋雨。

大伙儿小心把雨布解开，把米袋拿出来，果然没沾一点水。

小伙子这才舒了一口气，把雨布收起来，谢绝顾客的再三挽留，冒雨离开了。

就这样，小伙子凭着周到细心的服务，赢得了越来越多的顾客，生意也越来越红火。

有了一定的积蓄后，他又开设了一家碾米厂。他依然为顾客提供细心周到的服务，业务很快就胜过了附近其他几家碾米厂。

在他成了富甲一方的大商人后，仍然非常注重工作中的细节。

“这也太可惜了吧，如果能把废物利用起来就好了！”当他看到烧碱生产过程中有70%的氯气弃而不用时，产生了新的想法。

然后，他筹集了50多万美元，创建了台湾第一个塑胶公司。

他就是被誉为台湾“经营之神”的王永庆。

【提示】

王永庆的成功，主要是因为他能够全身心地去做好工作中的每一个细节。

1. 工作中，无论遇到什么样的问题，都要全身心地投入，认真对待。

2. 不要小看工作中的细枝末节，那是完美完成任务必不可缺的组成部分。只有以完美的细节编织而成的工作，才是真正高质量的工作。

3. 做事毛毛糙糙、敷衍迁就的人，不可能做出大的成就。任何对细枝末节的大意和对细微变化的疏忽，都可能成为隐患，甚至给企业发展造成无法弥补的损失。因此，工作中，一定要认真做好每一个细节，慎防“百密一疏”。

4. 细节决定成败，谁在细节上用足了心，谁就可能成为胜利者。

【反思与提升】

· 你是个全身心投入工作的员工吗？

· 以往你是如何对待工作中的细节问题的？是认真对待，还是应付或者干脆忽略不计？

· 你曾有过因细节完美而更胜一筹，或因为细节不如人而屈居下风的经历吗？总结一下其中的经验、教训。

耐心工作，拒绝浮躁

“我没有任何表演经验，更应该沉下心，做足准备工作，一定要把角色演得活灵活现。”1986年，张艺谋被吴天明看中，让他出演影片《老井》的男主角。当时的张艺谋还是个摄影师，没有任何表演经验。1950年11月14日，中国著名电影导演张艺谋出生于陕西西安。1978年，张艺谋破格进入北京电影学院摄影系学习。1984年，张艺谋第一次担任电影摄影师便一鸣惊人。

张艺谋接到任务，二话没说，就开始做准备工作。

张艺谋来到一个偏僻、贫穷的山村，每天和老乡一起吃住，一起干活。为了使双手变得粗糙，一有空他就用沙土搓揉手背。他每天中午都会光着膀子在烈日下暴晒，只为使皮肤变得黝黑，让角色更加形象。150斤一块的石板，他一天背3块，足足背了两个月，只为能演好影片中不足一分钟的背石镜头。

在打斗镜头中，他真打、真跌，毫不含糊。

在跳井的镜头中，他真跳，结果摔得浑身酸痛，却只关心自己演得能不能通过，而不在乎自己的伤痛。

在拍一个垂死的镜头时，他为了能把奄奄一息的感觉演得逼真，硬是三天不吃不喝，连滚带爬拍完了全部镜头。

“这是拍戏，没必要来真的，让自己受这种罪！”有人劝他。

“我既然做了，就一定要把事情做透，而不是敷衍了事。”他却不以为然地说。

凭着这种沉下心把事情做透的精神，张艺谋这样一个原本没有任何表演经验的人，硬是把影片里的角色演绎得真真切切，看不出半点虚假做作。1986 年，张艺谋主演的第一部电影《老井》夺三座“影帝”奖杯。

在工作中，他一直保持着这种作风，直到后来成了导演，仍然如此。

在拍《红高粱》时，张艺谋亲自带人种出了一百多亩高粱；为了拍出尘土飞扬的镜头，他让人拉来十几卡车黄土，再让人用筛子筛细，然后撒在路上。1987 年，张艺谋执导的第一部电影《红高粱》获国际电影节金熊奖，从此走向优秀导演生涯。

从没有半点的浮躁，凭着踏实认真的精神，张艺谋一步一个脚印走到了今天，一次次走向辉煌，最终成为一位具有国际声誉的大牌导演。

【提示】

张艺谋之所以能够成功，完全靠的是拒绝浮躁，沉下心来，耐心将每一个细节做到最好的精神。

1. 克服浮躁心态。浮躁只会让人把简单的工作办砸，面对复杂的工作感到无从下手。要想把工作做得出色，就要脚踏实地，认真对待每一项工作任务，扎扎实实把每一个细节做透、做好。

2. 非专业不害怕，只要去浮下沉，专心谋事，钻进去，做得久了，自然也就专业了。

【反思与提升】

· 你是否存在做事浮躁、毛手毛脚的坏习惯？

· 上司交给你的任务，你都能沉下心来，耐心地做专、做透吗？

· 仔细分析自己做过每一项工作和每个细节，是否还能做得更好？不断地改进和提升自己的工作。

踏实工作，不要投机取巧

“这栋楼房建成后是给孩子们读书用的，孩子是我们在场每一位的希望。在孩子的教育上，我们使不上太大的力，就全力建造一栋质量硬实的教学楼吧，确保孩子们能在一个安全的环境里读书学习。哪怕我们多花些时间，多下点功夫，都不能在质量上有丝毫的马虎……”

1986 年，什邡市洛水中学要建一栋教学楼。建筑商在开工前，把全部工人召集起来，再三强调施工的质量问题。

教学楼动工之后，这位建筑商亲自把关，不允许任何工人投机取巧、弄虚作假。钢筋、水泥等建筑材料也都是他亲自通过正规渠道购进的优质产品。

精细的功夫、优质的材料都需要金钱的支撑。在工程款已定的情况下，他把大量资金都用在给工人发工资和购买优质材料上，甚至不惜将自己应得的一部分利润也拿出来用上。

工程结束后，他自己所剩已经寥寥无几。但是，当他建筑的教学楼顺利通过质量鉴定后，他欣慰地笑了。

同年，洛水中学另一座教学楼也落成。

这栋楼房并不是由建筑商负责建造，而是由南元村的一个村民通过关系承包，由邻村 20 多个泥水匠建造的。他没有任何施工资质，也是第一次承包这样的工程项目，那 20 多名工人也只是普通村民，只会垒墙而已，也没有参与过大型建筑的施工。

他之所以敢在什么条件都不具备的情况下去承包这个工程，是被那笔高达 264000 元的工程款所诱惑。

他负责建造的楼房质量真不敢恭维！其实在施工的过程中，就因质量原因被勒令停工；竣工后，又被教育局鉴定为危楼。最后通过关系蒙混过关，最终使这栋教学楼得到合格鉴定。

多年之后，这两栋同一时期建造的教学楼却有了截然不同的命运，同时也使上千名学生随它们的不同命运而产生了生、死、伤、残的不同命运：

2008年5月12日，汶川特大地震，撼动了大半个中国的疆土，震痛了每个华夏儿女的心。同时也用鲜活的生命检验了建筑物的质量，称出了安全与利益的轻重。

什邡市洛水中学校园内，那两栋同一时期建造的教学楼在地震过后，向人们展示着它们的不同结局：一栋在地震发生的一刹那就成了废墟，直接导致505名师生伤亡；而另一栋教学楼却在地震中岿然屹立，在它庇护下的师生安然无恙。

这种天壤之别，是安全与利益的失衡所致。坍塌教学楼的施工者为谋求个人利益的最大化，偷工减料建造了一个“豆腐渣”工程；留存教学楼的施工者则为追求楼房的最大安全，不惜损失个人利益。

【提示】

踏实工作与投机取巧是两种背道而驰的工作态度，这两栋教学楼在地震后，向我们显示了两种工作态度导致的截然相反的结果。它们时刻提醒着我们：踏实工作可靠，投机取巧其实就是在埋定时炸弹，而全局的安全比眼前的个人利益更重要。

贪图一时的眼前的个人利益，投机取巧，必将为未来埋下隐患。因此，工作中一定要有踏实精神，认真做好每一个细节。

【反思与提升】

· 踏实工作为什么十分重要？

· 你会为了一己私利而投机取巧吗？

· 在利益的诱使下，你还能毅然把踏实工作放在第一位吗？

精益求精，不可马虎轻率

“这个地方海况这么好，周围没有任何暗礁，这艘目前最先进的轮船是怎么沉没的？” “环大西洋”号海轮沉没了，当救援人员赶到事发海域查看时，个个望着平静的海面感到疑惑……

正在大家百思不得其解的时候，有人突然惊呼：“看！那边海面好像有个漂浮物！”

漂浮物捞上来后，发现是个密封的瓶子，瓶子里面有一张纸条，上面有21种笔迹，简单描述了这场灾难发生的前因后果。

一张纸条还原了“环大西洋”号海轮沉没前发生的事：

5月20日，在奥克兰港，一副瑞克私自买了一个台灯，他想放在自己的房间，给爱人写信时用来照明。

瑞克拿着台灯回船时，被二副乔治看见，乔治提醒他：“这种小台灯底座太轻，在船上放不稳，船晃动时很容易倒下来，太不安全了！”但是，乔治并没有阻止他。

5月20日下午，“环大西洋”号海轮准备起航，船上工作人员开始进行离港检查。

三副威廉发现救生筏施放器好像有问题，但是并没有检查维修，而只是将其绑在架子上。

二水布朗发现水手区的闭门器有些损坏，他没有去修，只是用铁丝将门绑牢。

二管凯瑞发现水手区的消防栓已经锈蚀得很厉害了，心想：过几天船就到码头了，到时候再换也不迟。

离港检查完毕，工作人员将安检报告递给船长卡恩，由于当时工作繁忙，卡恩并没有看，直接下令起航。

“环大西洋”缓缓驶离奥克兰港……

5月21日，5月22日，两天平稳地过去了，船上没有发现任何异常现象。

5月23日上午，瑞克房间的消防探头连续报警。机匠罗杰和班尼赶紧进去查看，并没有发现火苗。

“奇怪！没有火苗，报警器怎么会响？”罗杰心里感到纳闷。

“可能是探头出了问题。”班尼猜测道。

“探头有问题是很危险的事，得赶紧更换。”罗杰说着就动手把瑞克房间的消防探头拆了下来。然后，他找到大管轮亨利，说：“瑞克房间的消防探头坏了，我已经拆下来，给我拿个新的，我去换上。”

“我现在正忙，待会儿给你。”亨利连看都没看罗杰一眼，就把他打发走了。

5月23日14点，服务生瑞奇到瑞克房间找他，他不在。于是，坐下来等他，无聊之下看到桌上的台灯，随手打开。

5月23日14点半，大副山姆带着一水米勒和罗杰斯进行安全巡视，经过瑞克房间时，没有亲自进去，而是对米勒和罗杰斯说：“你们两个进去看看就行了。”

米勒笑了笑，没有进瑞克的房间，罗杰斯也没有进去。

时间又悄无声息地过去了一天。

5月24日9点，机电长卡恩发现电源突然跳闸，他以为这是正常现象，并没有多想，随手将闸合上。

三管轮马格嗅到空气中有异味，以为是厨房飘来的，就给大厨史比打电话：“我感觉这会儿空气有点不好，是不是厨房那边有问题？”

史比接到马格的电话后，下意识地扫视了一下厨房，没发现异常，就开玩笑地说："我们在这里有什么问题？"

"那你打开通风阀通通风。"马格说完挂断了电话。

史比放下电话后，问二厨拉奴："我们这里是安全的吧？"

"我也闻到空气中隐约有种奇怪的味道，可是我们这里确实没有异常现象。"拉奴使劲吸了两下鼻子，也扫视了一下厨房说。

于是，他们继续做饭。

接着，机匠凯斯也接到马格的电话，他随即打开通风阀通风。

14点半，管事戴恩召集所有闲着的人到厨房帮忙做饭，厨房内十分热闹。

晚上，大家在餐厅开始会餐，医生莫尔没有去巡诊，当晚值班的电工也跑进了餐厅。大家尽情地吃着、喝着、喊着，谁都没有察觉灾难正在一步步向他们逼近。

晚上8点半，船长卡恩发现瑞克的房间起火，当时房间已经被烧穿，火势迅猛。但是，火情无法控制，大家只能眼睁睁地看着整个船被大火一点点吞噬。

到了这一刻，大家才都意识到自己的失职，便逐个写在了一张纸上，或许是希望能给后人一个警醒。

【提示】

虽然大火发生前，许多人都发现了一些隐患，但是，每个人都犯了马虎轻率的错误，虽然都只犯了一点点儿错，都以为小小的失职微不足道，但这种麻痹的心理最终酿成船毁人亡的大错！

这场灾难启示我们：员工的责任不分大小，岗位没有轻重，任何一个人的马虎轻率、小小失职都会植下安全的祸根。不仅会影响公司的效益，还可能成为事故的罪魁祸首。

企业要想正常地运行，公司的每一个岗位、工作的任何一个环节都不能出现失误，而这需要每个员工都能恪尽职守，及时、认真对待工作中的每一个问题、每一个细节，精益求精。

【反思与提升】

· 工作中你是一个精益求精的人，还是一个马虎轻率的人？

· 如果你是一个精益求精的人，你觉得自己的工作还有哪些可以完善的地方？制订出你的完善计划，并及时认真实行。

· 如果你是一个马虎轻率的人，你打算如何改正？

对待工作要善始善终

“所有与奴隶制问题或废奴问题有关的请求，既不印刷也不提交，都不要放到桌面上，不能采取任何进一步的行动。”1836年5月18日，美国众议院讨论通过一项决议。

“这违背了宪法和众议院章程，侵犯了选民的权利！”约翰·昆西·亚当斯表示强烈反对。

但众议院还是通过了那个决议，制定了《钳制言论法令》。

为撤销《钳制言论法令》，在以后的8年中，亚当斯一直坚持斗争，用尽了他力所能及的议会武器。

他同废奴主义者并肩战斗，对法令的支持者和蓄奴主义分子进行了长期的不懈斗争。

“把他驱逐出议院！”有的议员威胁。

“将亚当斯同请愿书一同焚烧！”有的人甚至扬言。

“他是马萨诸塞来的疯子！”南方种植园主们这样骂亚当斯。

……

这时，一个支持亚当斯的代表团送给他一根银头象牙手杖，手柄是一只金镶的鹰，手杖上刻有亚当斯的名字，名字下边是“请愿权利必胜”，再下面还空着一块地方，准备加上《钳制言论法令》被取消的日期。

亚当斯被这一礼物深深感动。看来，自己多年来在议会中的工作并没有被人们忽视。

但是作为一名公职人员，他奉行一项坚决不收礼物的政策，因此他把手杖带到专利局，交专利局长托管。

在后来的斗争过程中，无论怎么艰难、曲折，他始终没有让步、妥协，每次辩论他都会增加几票的支持……

8 年之后，《钳制言论法令》最终被废除了，亚当斯终于成功了！

《钳制言论法令》刚一取消，他就请人在手杖上刻上了“1844 年 12 月 3 日”的日期，并且最终还是把它馈赠给了“美国人民”。

1825 年，亚当斯当选美国第 6 任总统。他正直的品性，不但赢得了“雄辩老人”的称号，还赢得了敌人的尊敬和佩服。昆西 · 亚当斯的爽直公正和独立思考也逐渐为他在欧洲赢得了尊敬，俄国沙皇亚历山大一世都对他产生了好感。

由于亚当斯把他所认定的国家利益放在政党利益之上，那些反对他的人都认为他非常“难应付”。

【提示】

只要抱着始终如一、坚持不懈的信念，任何看似不可能实现的目标都有可能实现。

【反思与提升】

· 工作中你是一个虎头蛇尾者，还是一个善始善终者？

· 你认为虎头蛇尾者与善始善终者最大的精神区别在哪里？明确你当前的工作目标，善始善终地实现它。

重视细节，成败尽在细微处

“她在找什么呢？钱币？戒指？应该是个很值钱的东西吧！我倒要看看她费那么大力气能找出什么宝贝来！”萨瓦斯看到一名员工正用扫帚从操作台底下向外拨着什么，只见她单膝跪在地上，上身使劲往下弯，脸都快贴到地面了，看上去是一副很费劲但又不肯放弃的样子。萨瓦斯产生了好奇心，想看看究竟是什么重要的东西掉在了下面，于是他停下了脚步。

萨瓦斯先生来自阿根廷，他这次来中国是为了采购一批空调。来之前，他已经对5家空调企业有了初步意向。然后，他要亲自对每家企业进行实地考察，再决定从哪家采购，采购的数量。

这已经是第4家待选企业——奥克斯集团。萨瓦斯一行3人，按照惯例参观展厅，听企业介绍，然后考察生产现场。

当他们来到生产车间时，已经到了午饭时间。员工都纷纷检查自己的工作岗位，确认没有遗留问题后结伴走出车间。

“午饭已经准备好了，我们先去吃饭吧，下午再接着参观。你们也品尝一下我们厂里厨师的手艺。”奥克斯集团的接待人员热情地说。

“好吧！”萨瓦斯爽快地答应了。

他们往车间门口走去。这时车间里的员工已经走得差不多了。忽然，萨瓦斯的目光被那名女员工奇怪的行为吸引。于是停下了脚步，想要一看究竟。

一会儿，随着扫帚的多次拨动，操作台下面缓缓滚出两个金属样的东西。

萨瓦斯还没看清是什么东西，那名员工便迅速拣起来，嘴里还嘀咕着：

“可算把你们弄出来了！”然后起身走到不远处的一个箱子前随手扔了进去，还说：“到你们该去的地方老实待着！”

“究竟是什么东西？还有特定的‘该去的地方’？”萨瓦斯更加好奇，不由自主地走到那个箱子前。当他看清里面的东西后不禁笑了一下，心想：“我还以为是什么宝贝呢？不就是两颗螺丝钉吗？至于费那么大劲找出来，还要放回特定的地方吗？”

萨瓦斯什么也没说，随接待人员来到餐厅。

“刚才在车间里看到的那名员工，为什么要费那么大的力气去找两颗螺丝钉？是为了节约资源吗？”在饭桌上，萨瓦斯忍不住询问接待人员。

“这只是一方面原因，她那么做主要是为了保证生产安全。按公司规定，工作结束后，每位员工必须对自己的工作区域进行全面检查，确保无任何遗漏才可以离开。否则，被公司安排的检查人员查出问题，直接责任人将受到严厉的处罚。螺丝钉虽小，但很坚硬，也很尖锐，在车间里很容易引发事故，所以必须清除。”接待人员一脸严肃地说。

“看来，刚才那名员工的责任心非常强。她所做的事看似微不足道，实则是在扫除安全隐患，相当于用自己的责任心为事故画上了‘休止符’，为生产筑起了安全网。照这么说，把螺丝钉都放在特定的箱子里也是为了安全？”萨瓦斯听后，对女职工夸奖一番，接着问。

“是的，螺丝钉是个小东西，若随手放置，很容易滚得到处都是。到处都是螺丝钉的车间，想想都觉得恐怖。”接待人员进一步解释说。

4 天后，萨瓦斯再次来到奥克斯集团，这次是专程来签约的！

“与其他几个顶尖品牌相比，你们公司的实力和产品并没有突出的优势，但那两颗螺丝钉给我留下了极为深刻的印象。与如此注重安全的企业、如此有责任心的员工合作，我非常放心。所以，我决定与你们公司签订一份价值500万美元的订单。这个数目占此次在华空调采购总量的4/5。”萨瓦斯说。

【提示】

两颗螺钉促成了一份价值500万美元的订单，充分说明了成败尽在细微处。

1. 有责任心是一种可贵的职业精神，也是在职场立足与进取必不可少的精神。员工的责任心不仅仅体现在对工作尽职尽责上，还体现在主动处理好每一个细节，消除隐患、规避风险上。因为小细节也可能引发大事故。

2. 把认真处理好每一个细节作为自己的工作态度，并养成工作习惯。

【反思与提升】

· 你遇到过因重视细节而得到晋升和签下订单的事情吗？你从这类事情中学到了什么？

· 你见到过因忽视细节而发生事故，得到处罚，丢了工作的事情吗？你从中得到了什么教训？

· 你打算如何处理工作中的每一个细节？

细心谨慎，不放过每一个环节

“见面没问题，但只能隔着‘隔离间’看几眼。”2005年10月12日零点，“神舟六号”载人飞船就要发射升空。11日晚上，航天员费俊龙、聂海胜在全封闭的安全无菌环境下做着最后的准备工作。在激动人心的时刻即将来临之际，他们的亲人来到现场，很想再跟他们深情地拥抱一下，工作人员做出了以上回答。

“为什么？”亲属有些不明白。

“防止细菌进入。”工作人员简单地解释。

这时，领导来检查最后的准备工作，费俊龙、聂海胜也只能隔着“隔离间”向领导致意。

亲属们更加纳闷了，为什么外人不让进，领导也不让进？于是又问工作人员：“飞船快要发射了，我们想跟亲人见个面、拥抱一下也是情理之中的事，又不会影响他们的工作，也不会耽误他们的时间，再说了，即便是有细菌进入，又不会伤害到他们。为什么就不可以呢？这简直就像是在隔离高传染性、高致命率的病毒一样。”

“你们此刻的心情我完全可以理解，只是我们的工作必须要保证所有人的安全。如果航天员将细菌带入太空，倘若受到太空射线的照射而发生变异，再由航天员带回地球，也许会给地球带来不可预知的灾难，到那个时候就追悔莫及了。我们不能冒这个险。”工作人员解释道。

“你说得也太夸张了吧？再说了这些都是假设，又不是肯定会发生。”亲属说。

“没出事不等于没有事！我们必须小心再小心，谨慎再谨慎，提前预防，排除一切不安全因素。”工作人员非常严肃地说。

听到这里，亲属不再多说什么，只隔着“隔离间”看了几眼，挥了挥手以示告别。

这只是预防工作中极小的一部分。其实，像这样的预防工作，从“神六”开始研发就已经开始。“神六”有几十万个零部件，在研制的整个过程中，科学家已经把十万种失败的可能性全部排除在外。

另外，飞船从发射升空进入轨道、变轨控制、轨道维持，到返回调姿、轨返分离、打开降落伞、安全着陆，这个过程中有上千条飞行程序指令，其中100多次需要航天员直接操控。再加上穿脱航天服、启用生活料理产品、操控各类设备仪器、进行科研试验等，各种操作动作累计有上万项。如此繁多的动作，每一项都必须认真细致地进行，不能有丝毫的差错，极细微的差错都可能造成这次太空之行的失败。

费俊龙、聂海胜两人配合得十分默契，非常认真地进行着每一个动作。在太空安全飞行1480小时后，他们最终顺利返回地球，完成了使命。

【提示】

细心谨慎，不要放过每一个环节的隐患。本着这样的思想，“神六”在太空安全飞行1480小时，没有发生任何意外。为了确保这次飞行的万无一失，从科研人员到航天员，每个人都付出了巨大的努力，从细节入手，提前把所有环节的安全隐患一一排除。

职场中能够细心谨慎、居安思危的员工总是会有先见之明，对易于存在隐患的地方提前做好预防、处理，最终确保万无一失，顺利完成工作任务。这样的员工当然会备受领导青睐。

【反思与提升】

· 你能做到细心谨慎，不放过每一个环节的隐患吗？

· 工作中一些细枝末节的隐患你能认真去预防、排除吗？

第4靠
fourth

效率：做最高效的执行者

要追求工作效率，做最高效的执行者，一开始就要找对方向，想好要做的每一步，克服优柔寡断和拖拉延误，行动迅速，不打无准备之仗。做事要井井有条，日事日毕，日清日高。

一开始就找对方向

“那是二次大战期间，我在远东地区的俘虏集中营里。那里的情况很糟，简直无法忍受，食物短缺，没有干净的水，放眼所及全是患痢疾、疟疾等疾病的人。有些战俘在烈日下无法忍受身体和心理上的折磨，对他们来说，死已经变成最好的解脱。我自己也想过一死了之，但是有一天，一个人的出现唤醒了我的求生意念——一个中国老人。”朱利斯·法兰克博士对前来拜访他的年轻人回忆说。法兰克博士是市立大学的心理学教授，虽然已经70高龄了，却保持着相当年轻的体态。

年轻人非常专注地倾听着法兰克博士讲述那天的遭遇。

“那天，我坐在囚犯放风的广场上，身心俱疲。我心里正想着，要爬上通了电的围篱自杀是多么容易的事。一会儿之后，我发现身旁坐了个中国老人，我因为太虚弱了，还恍惚地以为是自己的幻觉。毕竟，在日本的战俘营区里，怎么可能突然出现一个中国人？

“他转过头来问了我一个问题，一个非常简单的问题，却救了我的命。”

“是什么样的问题救了你一命呢？”年轻人马上提出了自己的疑惑。

“他问的问题是，”法兰克博士继续说，“‘你从这里出去之后，第一件想做的事情是什么？’这是我从来没想过的问题，我从来不敢想。但是我心里却有答案：我要再看看我的太太和孩子们。突然间，我认为自己必须活下去，那件事情值得我活着回去做。那个问题救了我一命，因为它给我某个我已经失去的东西——活下去的理由！从那时起，活下去变得不再那么困难了，因为我知道，我每多活一天，就离战争结束的那一天近一点，也离我的梦想近一点。中国老人的问题不只救了我的命，还教了我从来没学过却是最重要的一课。”

“是什么？”年轻人问。

“方向、目标的力量。”

“方向、目标？”

“是的，方向，目标，企图，值得奋斗的事。目标和方向给了我们生活的目的和意义。当然，我们也可以没有目标地活着，但是要真正地活着，快乐地活着，我们就必须有生存的目标。伟大的艾德米勒·拜尔德说：‘没有目标，日子便会结束，像碎片般消失。’目标创造出目的和意义。有了目标，我们才知道要往哪里去，去追求些什么。没有目标，生活就会失去方向，而人也成了行尸走肉。人们生活的动机往往来自于两样东西，不是远离痛苦，就是追求欢愉。目标可以让我们把心思紧系在追求欢愉上，而缺乏目标则会让我们专注于痛苦。同时，目标甚至可以让我们更能够忍受痛苦。

“我有点不太懂，”年轻人犹豫地说，“目标怎么让人更能够忍受痛苦呢？”

“嗯，我想想该怎么说……好！想象你肚子痛，每几分钟就会来一次剧烈的疼痛，痛到你会忍不住呻吟起来，这时你有什么感觉？”

“太可怕了，我可以想象。”

“如果疼痛越来越严重，而且间隔的时间越来越短，你有什么感觉？你会紧张还是兴奋？”

“这是什么问题，痛得要死怎么还可能兴奋得起来，除非你是受虐狂。”

“不，这是个怀孕的女人！这女人忍受着痛苦，她知道最后她会生下一个孩子来。在这种情况下，这女人甚至可能还期待痛苦越来越频繁，因为她知道阵痛越频繁，表示她就快要生了。这种疼痛的背后含有具体意义的目标，因此使得疼痛可以被忍受。

“同样的道理，如果你已经有个目标在那儿，你就更能忍受达到目标之前的那段痛苦期。毫无疑问，当时我因为有了活下去的目标，所以使我更有韧性，否则我可能早就撑不下去了。我看见一个非常消沉的战俘，于是我问他同一个问题：‘当你活着走出这里时，你想做的第一件事是什么？’他听了我的问题之后，渐渐地，脸上的表情变了，他因为想到自己的目标而两眼闪闪发亮。他要为未来奋斗，当他努力地活过每一天的时候，他知道离自己的目标更近了。

“我再告诉你另一件事。看着一个人的改变这么大，而你知道你说的话对他有很大的帮助，那种感觉真是太棒了！所以我又把这当成自己的目标，我要每天都尽可能地帮助更多的人。

“战争结束之后，我在哈佛大学从事一项很有趣的研究。我问 1953 年那届的毕业学生，他们的生活是否有任何企图或目标？你猜有多少学生有特定的目标？”

“50%。”年轻人猜道。

“错了！事实上是低于 3 %！”法兰克博士说，“你相信吗？100 个人里面只有不到 3 个人对他们的生活有一点想法。我们持续追踪这些学生达 25 年之久，结果发现，那有目标的 3% 的毕业生比其他 97% 的人，拥有更稳定的婚姻状况，健康状况良好，同时，财务情况也比较正常。当然，毫无疑问，我发现他们比其他人有更快乐的生活。”

“你为什么认为有目标会让人们比较快乐？”年轻人问。

“因为我们不只从食物中得到精力，尤其重要的是从心里的一股热诚来获得精力，而这股热诚则来自于目标，对事物有所企求，有所期待。为什么有这么多人不快乐，一个非常重要的原因就是因为他们的生活没有目标，没有追求，也就变得没有了意义。早晨没有起床的动力，没有目标的激励，也没有梦想。他们因此在生命旅途上迷失了方向和自我。”

“如果我们有目标并追求的话，生活的压力和张力就会消失，我们就会像障碍赛跑一样，为了达到目标，而不惜跨越一道道关卡和障碍。”

“目标提供我们快乐的基础。人们总以为舒适和豪华富裕是快乐的基本要求，然而事实上，真正会让我们感觉快乐的却是某些能激起我们热情的东西。这就是快乐的最大秘密——缺乏目标和方向的生活是无法创造出持久的快乐的。而这就是我所说的‘方向的力量’。”

【提示】

一开始我们就需要找对自己的工作方向，明确自己的工作目标。工作是需要方向和目标的。方向和目标赋予我们生命的意义和目的。有了方向和目标，工作才有前进的动力，我们才会把注意力集中在追求目标的喜悦上，而不是去努力避免因盲目、无聊、单调、劳累而滋生出来的痛苦。

【反思与提升】

· 你有明确的工作方向和工作目标吗?

· 如果有，你的工作方向和目标是什么?

· 如果没有，请明确你的工作方向和目标。

· 如果发现你的工作方向有错误，请及时调整。

想好你要做的每一步

“我应该如何做才能提高自己的工作效率？”美国伯利恒钢铁公司总裁查理斯·舒瓦普向效率专家艾维·利请教。

“我可以在10分钟内给你一样东西，这东西能把你公司的业绩提高50%。”艾维·利声称。

“是吗？”

“是的。”艾维·利说完递给舒瓦普一张空白纸，接着说：“请在这张纸上写下你明天要做的几件最重要的事。”

舒瓦普只用了5分钟就写完了。

艾维·利接着说：

“现在用数字标明每件事情对于你和你的公司的重要性次序。”

舒瓦普又花了5分钟。

“好了，把这张纸放进口袋，明天早上第一件事是把纸条拿出来，做第一项最重要的。不要看其他的，只是第一项。着手办第一件事，直至完成为止。然后用同样的方法对待第2项、第3项……直到你下班为止。如果只做完第一件事，那不要紧，你总是在做最重要的事情。”艾维·利最后说：

“每一天都要这样做——你刚才看见了，只用10分钟时间——你对这种方法的价值深信不疑之后，叫你公司的人也这样干。这个试验你爱做多久就做多久、然后给我寄支票来，你认为值多少就给我多少。”

一个月之后，舒瓦普给艾维·利寄去一张2.5万美元的支票，还有一封信。信上说、那是他一生中最有价值的一课。

5年之后，这个当年不为人知的小钢铁厂一跃成为世界上最大的独立钢铁厂。人们普遍认为，艾维·利提出的方法对小钢铁厂的崛起功不可没。

这个小故事说明了认真想好要做的每一步并制订落实计划对于提高工作效率的重要作用，也说明了先做最主要的事情对提高绩效的突出意义。

【提示】

每天抽出一点时间，用于制订当天的工作计划（同样，你可以制订周计划和月计划）。

1. 明确你的职业角色。虽然每个人的工作岗位只有一个，但职业角色可能会有多个。

2. 在每个职业角色上标明当天要做的最重要的事。在一个企业中，对营销人员来说，扩大销售可能是最重要的事情。但对一个财务人员来说，并非如此，组织并不需要他加入销售的队伍，准确核算业务并提供预算报表是他最主要的工作。当一大堆工作堆在面前时，他必须仔细识别并分清哪些是公司最主要的事情，哪些是自己最重要的事情。

3. 把重要的事情按照重要性的顺序排序。

4. 为每件事标上开始和截止时间。

5. 根据变化对计划进行调整。

【反思与提升】

· 你每天能想好自己要做的每一步吗？

· 写下你要做的每一步。

· 认真执行。

· 根据变化调整。

优柔寡断是最大的敌人

“这满地的粪便、卫生纸、污水，我该从哪里下手呢？”水电维修工徐虎傻眼了。“别说干活，连下脚的地方都没有。”

“师傅，赶紧修呀，不然屋里的东西都泡坏了！”居民焦急地催促着。

“管不了那么多了，我的工作就是水电维修，怎么能嫌脏怕累、临阵脱逃呢？”想到这里，小伙子不再犹豫，他立即拿出工具，硬着头皮开始疏通堵塞的马桶……

这是徐虎来到上海普陀区中山路房管所担任水电维修工作后，执行第一个工作任务时的情景。

初次做这样的工作，虽然徐虎有些迟疑，还显得笨手笨脚，最后总算完成了任务。

马桶疏通之后，居民又是递毛巾又是倒茶，感谢的话更是一句接一句。这让徐虎有些受宠若惊。

“我不过是完成了自己分内的工作任务，居民竟如此感激，可见这份工作对居民的重要性！捅捅马桶，接接电线，对自己来说是举手之劳，对居民来说却是关系到能否正常生活的大问题。”

有了这次经历之后，徐虎再接到维修任务，就迅速赶到故障现场，立即动手维修，不再有片刻的迟疑。

“昨天晚上6点多钟，家里突然断电，电扇、冰箱全都不能用了。最急人的是，孩子马上要考试了，要抓紧复习功课，屋里却一片漆黑。我赶紧跑来报修，但你们已经下班回家了。可把我给急坏了！没办法只好买了几根蜡烛照明，让孩子将就着用。今天我是特地请假出来报修的，请你们无论如何帮忙修好。”一天上午，一位中年妇女匆匆赶来报修，一股脑儿说了这一大堆的话。

徐虎没等她把话说完，就拿着工具，示意中年妇女带路。

像这样的情况，徐虎以前也碰到过几次。之前他总认为：做维修工作，能在接到居民报修后，以最快的速度，保证质量地把维修任务落实到位，就算是把工作做得很完美了。现在看来，做到这些，并不能在第一时间为居民解决问题，算不上高效执行。

“怎样才能及时解决下班后的水电急修问题，让水电维修任务真正得到高效执行呢？”徐虎边走边想。

“警民联系箱。”当徐虎的视线扫过社区挂的小箱子时，心中不由得一喜：“我可以效仿一下，挂个水电报修箱。如果下班后有居民家的水电发生故障，可以把故障情况及地址写在纸上，放进箱内，我每天晚上定时去查看，如有报修单就立即去处理。”

徐虎的这种想法得到了妻子的赞同和单位领导的支持。

1985年6月23日，光新二村、石泉路75弄和石泉六村都多了一个“水电急修箱”，箱上清晰地写着：

“凡属本地段的住户，如有夜间水电急修，请写纸条投入箱内。本人热忱为您服务，每天开箱时间晚上7点。中山房管所徐虎。”

从此后，徐虎便没有了固定下班时间，也没有了“星期日”和“节假日”，他时刻准备着去为居民解决水电故障问题。

一天晚上7点，徐虎准时打开报修箱，收到5张报修单。

“今天的任务艰巨，得抓紧时间！”

他赶紧带上工具，按报修单的地址逐个登门修理。

当他修好第4家的电线之后，已经是晚上10点多钟。

“已经这么晚了，剩下的那户居民一定等急了，我得赶紧去。”徐虎拖着疲惫的身子，加快步子往第 5 户人家走。

“污水总管都堵成这个样子了，你们还在不停地用水，积水全跑我们家了，看看都泡成什么样了！”

“你凶什么凶？我又不是故意的。又没有人通知，我怎么知道污水总管堵了。”

……

徐虎远远地就听到楼道里的争吵声。

原来楼上的住户不知道污水总管堵塞，依然像往常一样用水，结果这些水流不下去都从楼下住户家的污水支管流进屋里，又脏又臭。为此，两家展开了唇枪舌剑。

见状，徐虎一句话也没说，立即查出污水总管堵塞的地方，开始设法疏通。

居民们也停止了争吵，把注意力都转移到了徐虎身上。

“已经这么晚了，我们还以为你不会来了！”

“怎么会呢！水电急修箱是我挂的，我就一定会把每件维修任务落实到位。今天社区里故障多了些，所以过来晚了。”徐虎说着也没停下手中的活。

很快，污水总管疏通了，居民纷纷向他道谢后，各回各家。

徐虎收拾好工具，往自己家里走去。

“我这不起眼的工作，居然能关系到社会的安宁。如果今天我不来修理，不知他们要吵闹到什么时候。如果我能再早些来，或许争吵就不会发生！看来高效执行，把每个维修任务落实到位，真的非常重要！”

工作之余，徐虎凭借自己的经验，摸索着设计了一套疏通管道的工具，使拆马桶率降低了70% ~ 80%。不仅减轻了劳动强度，为居民节省了修理费用，还大大提高了维修工作的效率。

多年过去了，徐虎始终保持着高效的执行力，尽心尽力把每件维修任务落实到位，保证居民能够正常使用水电，得到了居民的一致好评。

1996年，中宣部将徐虎作为“爱岗敬业、奉献社会”的劳模典型在全国进行宣传。徐虎的名字由此闻名全国。

【提示】

克服怕脏怕累、优柔寡断的心态后，徐虎立即获得了提高效率的秘诀。他在社区挂出3个“水电报修箱”、还潜心研究马桶疏通技术，都是为了让自己的工作任务得到高效执行。为了把每件维修任务落实到位，他晚上10点多还坚持拖着疲惫的身子去疏通污水管道。

1. 职场竞争激烈，效率是胜出的关键一环。面对工作任务，不要优柔寡断，只有立即执行，才能把握最佳时机。

2. 工作无小事，一定要摆脱浮躁、怕脏怕累的心态，及时认真地把每件事落实到位。

【反思与提升】

· 你的工作效率高吗？

· 接到领导下达的任务后，你能立即执行吗？

· 如果不能，是什么原因阻碍了你？

· 工作中你会挑肥拣瘦，只做自己喜欢做的事，把不喜欢的丢在一边吗？

· 你会因现实问题而产生畏惧情绪吗？

· 如果你存在优柔寡断的毛病，你觉得应该如何克服？

拖延只能一事无成

“这鬼天气！”一天晚上，一场大雪将铁路掩盖，火车晚点了。

“恶劣的天气最容易发生事故，我们得打起十二分精神，时刻关注四周的情形，不能有丝毫疏忽。”列车长警惕地对工程师说。

“是，你说得没错，况且现在还是晚上！”

两人说话间，传来消息，有一辆不得不改道的快速列车，正在向自己的列车驶来。

“有辆列车正快速向我们驶来，你赶紧拿着红灯到后面去！”列车长赶紧跑去给雅克下达命令。

“真是一场令人讨厌的大雪，害得我在如此漆黑寒冷的冬夜不能回家，还得待在这里加班。”火车后厢的刹车员雅克在车厢里暗自抱怨着，他本来想找个地方偷会儿懒。

“您干吗那么着急？后车厢不是还有一名专门负责刹车的工作人员在那儿守着吗？天气太冷，等我穿上外套就过去。”雅克满不在乎地答道。

“你最好马上过去，有辆快车正向我们驶来！”列车长十分严肃地说。

“好的。”雅克一边答应着，一边慢吞吞地拿自己的衣服，心里还在想：列车长真是小题大做，那里有人守着，其实根本没必要再让我过去。

列车长听到雅克肯定的回答后，就急急向前部的发动机房跑去。他刚起跑又对雅克大喊了一句：“那列火车几分钟之内就要到达，你迅速点！”

“知道了！”雅克冲列车长跑去的方向大声答应着。为了让自己的身子暖和点，他喝了几口酒才慢悠悠地向后车厢走去，一点都不像去处理紧急情况的样子，嘴里还吹着口哨。

当雅克走进后车厢时，才发现里面根本没人！

雅克一下子懵了，他拼命向前跑去，但是已经来不及了。

“咣！”只听一声巨响，伴随着火车剧烈的振动，快速列车的车头已经撞到了他所在的这列火车上……

雅克怎么也没料到，后车厢的工程师和助理刹车员已经被列车长临时调到别的地方去了，他对工作的散漫态度最终酿成了这场大祸！等待他的将是什么，他不敢想象。目睹了这场悲剧，给他的精神造成巨大的冲击。

事故发生后，人们到处寻找雅克，却哪里都找不到。

第二天，当人们把他从一个仓库中找出来时，只见他满脸是血，目光呆滞，嘴里不停地叫喊着：“啊——如果我立即跑到后车厢，就不会出事了！太可怕了！——”他疯了！

随后，雅克被送进了精神病院……

【提示】

1. 发现问题，要立即处理。如果拖延，轻则一事无成，重则惹下塌天大祸，说不定你短短几分钟的拖延就会造成你个人乃至整个企业的重大损失。

2. 如果自己没有能力处理，一定要以最快的速度报告上级、相关同事或110、119、120等相关单位。

【反思与提升】

· 在工作中发现问题，你能立即提出建议解决问题吗？

· 你觉得那些别人已经预见但还未发生的问题，跟你关系大吗？

· 在紧急情况下，你觉得有岗位界限吗？

· 如果遇到紧急情况，该怎么办？

抓住关键，不做毫无意义的事

“彼特，叫你呢，听到没？你在想什么呢？”

“彼特，这是你加工的零件？怎么这么多不合格！”

“彼特，你专心点行不行？你这个样子我们还怎么合作？整个小组都会被你拖累。”

“……”

车间里，同事们对彼特怨声四起，但彼特似乎一点都没有意识到自己的心不在焉已经严重影响到整个小组的工作进度及质量。

终于有一天，一位同事忍无可忍，找到主管雷振诺德·琼斯，气呼呼地说：

“我强烈要求将彼特调离我们小组！”

“发生什么事了？彼特一直不都是你们小组的骨干成员吗？”琼斯好奇地问。琼斯此时是通用电器公司下属企业的一位主管，他是 20 世纪 60 年代美国通用电器公司命运攸关的时候，涌现出的一位力挽狂澜的重量级人物。

“那是以前的事了，现在他拖我们小组的后腿不说，简直破坏了整条生产线的秩序！”

“到底怎么回事？你说清楚点。”琼斯有点着急。

“彼特最近不知怎么了，总是一副魂不守舍的样子。经他手生产的许多零件都不合格，我们小组的工作效率和质量都因为他一个人直线下滑。这样下去，我们不仅拿不到这个月的奖金，恐怕还要受处罚！他一个人想心事，我们都跟着受连累，我们太冤枉了！他的行为已经影响到整个公司的运行秩序！”

“他出现这种反常的举动，会不会是家里出了什么事？作为同事，你们应该去关心安慰他，如今你却来打小报告，这不是落井下石吗？”琼斯严肃地说。

“我也不想这样，毕竟我们一起工作了这么久，关系也不错。可关键是，问他，他什么都不说。我这也是实在没有办法，才找到您这里的。”

“行，我知道了，我会尽快处理。”琼斯听后紧皱眉头说。

员工出去后，琼斯对身边的助理说：“你去调查一下，看这名员工说的是否属实。如果确实如他所说，再去调查一下彼特为什么会这样。”

“好的！”助理立即走出琼斯的办公室去了解情况。

“彼特的妻子在前不久出了车祸，现在还在医院躺着，回家后，他不仅要照顾妻子，还要照顾孩子，疲劳过度，再加上心情沮丧，所以工作老是出差错。”助理了解情况后，向琼斯报告。

“原来是这样！”琼斯显得有些焦虑。

“您打算怎么办？”助理问。

“在这种情况下，即使把他调到别的工作岗位，他还是不能正常工作；如果把他辞退，对他来说岂不是雪上加霜？但如果不辞退他，其他员工情绪也难以安抚，要真是闹起来，还真会影响公司的运行秩序。怎么办才好？让我再想想！”琼斯感到左右为难。

最后，琼斯终于决定将彼特辞退。

“你去把彼特叫来吧！”琼斯对助理说。

助理应声走出办公室。很快，彼特表情呆滞地走进来。

“彼特，你曾经是位非常优秀的员工，近来你的工作状况和家里的情况我都知道了。所以，权衡之下，我决定把你辞退。”琼斯十分小心地说，害怕再次刺激到彼特。

不料，彼特只是微微抬了一下眼皮，目光流露出惊讶，但只是一掠而过，他对被辞这一消息，反应并不强烈。

“你离开通用后，我会利用个人关系为你安排一份新的工作。工作时间相对灵活些，离你家也很近，这样可以方便照顾家庭。”琼斯说到这里又顿了一下，似乎在等彼特的反应，他看彼特紧闭的嘴唇并没有张开的意思，又接着说：

“如果你没什么意见的话，就写份辞职报告，我会马上给你安排工作。”

“谢谢！”这时，彼特终于微微张了张嘴，低沉地道了声谢，转身离开。

琼斯对彼特的处理，让员工大为赞赏，都认为他是一位公正的主管，因此更如努力工作，把之前落下的工作都补上了，并没有因为彼特的失职使总体的生产效率和质量打折扣。

【提示】

彼特因家庭的事不仅影响到自己的工作，还连带影响了整个小组的工作。如果任其发展下去，整个小组的不满情绪就会波及整个公司，严重时可能造成无可挽回的后果。

琼斯见光靠安慰彼特已经无效，他才改变态度，抓住问题的关键，及时辞退了彼特，维护了公司的工作秩序和其他员工的利益，同时为彼特另外安排了工作，既坚持原则，又显得有情有义，不使他人有负面议论，受到了各方面的一致好评。

彼特也会因为这一变化警醒自己，走出负面情绪，积极地应对自己的新工作。

1. 发现问题，不要盲目处理。盲目处理，不仅不能很好地解决问题，甚至会导致问题越来越严重。

2. 抓住关键，不做毫无意义的事情，才能一步到位，恰如其分地解决问题。

【反思与提升】

· 你有过盲目行动而没能达到目的的经历吗？你的教训是什么？

· 你有过因抓住关键而顺利解决问题的经历吗？你的经验是什么？

· 当前最重要的工作问题是什么？解决的关键是什么？

条理分明，工作需要井井有条

“1945年4月，我因过度忧虑而患上了所谓‘痉挛性结肠炎’，不定时的疼痛让我难以忍受，若不是战争结束，我一定会完全崩溃的。”欧洲年轻的士兵泰德·本杰明回忆道。他住在马里兰州的巴铁摩尔城纽霍姆路5716号，对战争的恐惧使他一度患上了战争神经症，无法从事正常的生活和工作。他接着回忆说：

“当时我整个人筋疲力尽。我在第94步兵师担任士官职务，工作是搞一份作战中士兵伤亡和失踪的情况记录，还要帮助挖掘那些在激战中阵亡后被草草埋葬的士兵，把他们的遗物送还给他们的亲人。我一直担心自己会出事，怀疑自己能否熬过这段时间，怀疑自己能不能活着回去抱抱我那尚未见面的16个月的儿子。我既忧愁又疲惫不堪，瘦了34磅，还差点儿发疯。我眼睁睁地看着双手变得皮包骨头，一想到自己瘦弱不堪地回家就害怕。我崩溃了，常常一个人哭得浑身发抖。有一段时间，也就是德军最后大反攻开始不久，我常常哭泣，这甚至让我放弃了还能恢复正常生活的希望。

“最后，我住进了医院，一位军医给了我一些忠告，整个改变了我的生活。在我做完一次全面身体检查之后，他告诉我，我的问题纯粹是精神上的。‘泰德，’他说：‘我希望你把生活想象成一个沙漏。在沙漏的上半部，有成千上万颗沙粒，它们缓慢、均匀地通过中间那条细缝。你我都无法让两颗以上的沙粒同时通过那条窄缝。我们每个人都像这个沙漏，当一天开始的时候，有许多事情要我们尽快完成，但我们只能一件一件条理分明地做，让工作像沙粒一样一颗一颗均匀地慢慢通过，工作就会变得井井有条，否则我们就一定会损害身体和精神的健康。”

“从值得纪念的那天起，也就是军医把这段话告诉我之后，我就一直奉行这种哲学。‘一次只通过一颗沙粒，也就是一次只做一件事，工作一定要条理分明，井井有条。’这个忠告不仅在战时拯救了我，而且对我目前在印刷公司的公共关系及广告部中所做的工作也有莫大的帮助。我发现在生意场上，也有类似战场的问题，即一次要做完好几件事，但时间却很有限。材料要补充，新的表格要处理，要安排新的资料，地址有变动，分公司开张或关闭……但我不再慌乱不安。我在心中默诵军医的忠告，工作比以前更有条理、更有效率，再没有那种在战场上几乎使我崩溃的困惑、混乱的感觉。”

【提示】

泰德·本杰明的工作的确很多，要记录作战中士兵伤亡和失踪的情况，还要帮助挖掘那些在激战中阵亡后被草草埋葬的士兵，又要把他们的遗物送还给他们的亲友。更严重的是，他是在一种沉重的心理压力下去做这些事情的：他一直担心自己会出事，怀疑自己能不能活着回去，见到自己那尚未见面的 16 个月的儿子。繁忙的任务与沉重的心情，任何人在这种情况下都可能会濒于崩溃的。然而他之所以会这样痛苦，并不是因为他所从事的事情真的有多么烦琐，任何工作只要能井井有条地安排，都会让人轻松地去完成。但关键是他的心情实在太糟糕了，他处于一种安全感极度缺乏的状态中。更重要的是，他总是想着要尽快摆脱这种状况，回到家中与小宝贝安享和平安宁的生活。这使他在工作中几乎失去了理智，根本不知道怎么安排工作。所谓欲速则不达，这种心态反而使他的境况愈发糟糕。

当他明白“一次只能做一件事，条理分明地工作”的道理后，这种忧虑就变得可笑了。既然担心也没有用，还不如安下心来，认真思考一下如何安排好工作，如何提高效率。这个忠告将他从战时那种可怕的境况中拯救出来，并对他以后在印刷公司的公共关系及广告部中所做的工作也有莫大的帮助。欲速则不达，贪多嚼不烂。人的精力是有限的，这就要求我们做事时必须有选择，有步骤，有条理。

【反思与提升】

· 你有过因工作太多而无从入手的感觉吗？

· 你有过因工作缺乏条理而手忙脚乱，顾此失彼的教训吗？

· 你打算如何条理分明地安排今天的工作事务？

日事日毕，日清日高

张瑞敏倡导的“日事日毕，日清日高”的理念使得海尔集团涌现出了一大批优秀的员工，产品经理崔淑立就是其中一个。

有一段时间，崔淑立的客户中新添了一家美国公司。她听说这个客户非常难“伺候”，所以她和这个客户交流时特别细心、耐心，付出了比以往更多的努力。

然而，崔淑立还是发现自己的工作中存在着很大的问题，那就是效率不高，总比对方的要求慢半拍。

她通过仔细分析，发现造成这种现象的原因是美国和中国有12个小时的时差。每次客户发来的邮件，她总是要第二天才能看到，而当问题处理完毕发给对方时，那边已经是半夜了，又要耽误一天。

美国的公司是很讲求效率的，长期这样下去双方肯定会有极大的意见甚至不满。

于是崔淑立作了一个决定：每天晚上过了11点再下班，这样处理完事情，美国那边的时间还是上午。

这个决定牵扯着崔淑立的整个部门，她“逼着”同事、下属和自己一起“日清”。几乎每次为了发一张设计图，大家都要一起工作到晚上12点。

由于沟通及时，对方要求的新洗衣机的设计很快完成了。

那天发完设计图回到家，已经是凌晨1点，崔淑立照例打开邮箱，发现客户给了她这样一个回复：“产品非常有吸引力，这正是美国人喜欢的。”

这家客户可是很少称赞人的，所以这句赞语可以说是弥足珍贵的。

样机推进的时候，崔淑立常常半夜醒来打开电脑看邮件，可以回复的就立即答复。

客户终于被崔淑立感动了，很快就敲定了第一批订单。这还是美国客户头一次这么快就下了订单呢。

【提示】

海尔集团张瑞敏推行的“OEC”管理法的核心是“日事日毕，日清日高”，即当天的工作当天完成，每天的工作要清理并有所提高。日清日高，意味着超强的行动力和执行力，绝不拖延，当下事当下毕。一件事，如果只想不办，它会始终徘徊在心中，消磨你的精力和心血。不但你自己会受到影响，还会连累周围的人，使他们因你的拖延，不能正常运作自己的事。

1. 明确每天的工作目标，清楚地知道每天要完成什么事项。

2. 积极思考，想办法，找办法，使得目标能够在规定的时间内顺利完成。

3. 当一天的工作完成后，还要回过头来进行梳理、总结，好的地方继续发扬，再接再厉，不好的地方通过反省及时发现，立即纠进。

【反思与提升】

· 你做到“日事日毕、日清日高”了吗？

· 如果你还没有做到，你打算怎么做？

不打无准备之仗

在重新整顿东芝公司时，石川岛芝浦公司的总经理土光敏夫遇到了资金不足的难题。当时正是二战后的困难时期，筹集资金可不是一件容易的事。1937年，土光敏夫被提升为石川岛芝浦公司董事。1942年，在第二次世界大战中，石川岛芝浦公司被炸毁。1945年8月15日，日本天皇在无线电中向日本列岛的所有人宣布：向盟军投降。1945年11月，石川岛芝浦公司在土光敏夫等人的领导下开始了重建工作。1946年4月，战后的石川岛芝浦公司进行了改组，土光敏夫非常幸运，被提拔为石川岛芝浦公司的总经理。

“再难我也一定要筹到资金，让公司渡过难关。”土光敏夫暗自下定决心。

他来到一家银行贷款部，部长看了他一眼，还没等他开口，就说：“我马上要出去，有什么事的话，改天再说吧！我现在没时间接待你。”

土光敏夫听后，心中虽然明白这只是托词，但也不好多说什么，只得离开。

第二天，他又去了。工作人员说部长不在，直接把他挡在了办公室外面。

第三天，他再去时，总算跟部长说上了话，但部长态度十分冷淡，拒绝了他。

对于这些，土光敏夫早有心理准备，战争刚过去，银行不轻易放贷也属正常。因此，失败几次之后，他依然坚持往银行跑。慢慢地，部长的态度好了许多，只是对贷款的事儿丝毫没有松口的意思。

“贷款的事儿不能再拖了，公司的资金仅够运转两天，如果两天内仍然没有资金注入，就要全线停工了。今天，无论如何也得让部长点头。”在最后关头，土光敏夫决定破釜沉舟，“这次我要多做一手准备，以保万无一失。”

打定主意后，土光敏夫对秘书说：“去给我准备一个大点儿的包，再买两盒盒饭装进去。”

秘书不解地问：“您去银行带两盒盒饭干什么？”

“以后你会明白的，现在你只管照着我说的去做就是了。”土光敏夫并没有说破带盒饭的用意。

秘书回来后，土光敏夫便带着盒饭去了银行。

见到部长，简单寒暄后，两人便又展开了拉锯战，部长始终对贷款的事不肯松口，土光敏夫也没有要离开的意思，就这样软磨硬泡地耗在那里。时间一分一秒流逝着，两人一直僵持着……

很快到了下班时间，部长如释重负，简单整理了一下文件，便提起公文包微笑着对土光敏夫说：“我们谈了这么久，不觉已经到了下班时间，我们都该回家吃饭了。”

部长怎么也没料到，他话音未落，土光敏夫就从包里拿出两盒盒饭，说：“部长先生，我知道你工作辛苦，但是为了我们能够长谈，我特意把饭准备好了。能够与你共进晚餐是我的荣幸，希望你不要嫌这盒饭寒酸。等我们公司好转后，我们一定好好感谢您这位大恩人。”

看到这一幕，部长的笑容变得僵硬起来，好不容易放松的神经重又紧绷起来，站在那里愣了好一会儿，才又重新坐回椅子上。他苦笑着说：“难得你想得这么周全，我怎么会嫌弃！”心里却在嘀咕：“看来他今天是有备而来呀！”

面对土光敏夫这种不达目的誓不罢休的劲头，部长真是哭笑不得，最终批准了他的贷款申请。

1964 年春夏之交，当时已位居全世界造船业第一把交椅的石川岛芝浦公司领导人土光敏夫，获得了日本级别极高的“经营家”奖。

1965 年 5 月初，土光敏夫正式担任东京芝浦电气公司（东芝）总经理一职。

【提示】

土光敏夫最后能成功贷款，显然是因为他精心而充分的准备。当然，不是因为部长吃了他准备的盒饭，而是因为体会到了他的执着与诚心，所谓精诚所至，金石为开。

如果已经预料到常规方案会遇到挫折和失败，不妨多准备几套方案。或许，看来似乎并不一定管用的方案可能正好解决问题。

【反思与提升】

- 你是一个喜欢打有准备之仗的人吗？
- 如果常规方案一再遇到挫折和失败，你是选择放弃，还是继续努力，并准备多套方案？
- 你有过因做了充分准备而成功解决问题的经历吗？如果有，总结你的经验；如果没有，下次要做好充分准备。

第5靠

fifth

思路：有思路才会有出路

有思路才会有出路。要学会用头脑工作，告别盲从，突破思维定式的束缚，寻找解决问题的新角度，敢于逆向思维，善于抓住突如其来的灵感，把目光放长远，考虑问题要抓住关键，把复杂的问题简单化……

学会思考，用头脑工作

一个19岁的青年，带着6个窝窝头，骑着一辆破自行车，从内蒙古一个偏僻、贫困的小村庄出发，赶往80公里外的城里谋生。

好不容易到达了目的地，他来不及休息，迫不及待地开始找工作。

这时他才发现，偌大一个城市，想找份工作竟不是件容易的事儿。

“不能再耽搁了，带的干粮已经吃完，总不能壮志未酬却忍饥挨饿吧？先有个活干着再说。”

于是，他在建筑工地找到了份打杂的工作。工资少得可怜，一个月不足50元！

为了能贴补家用，他想尽一切办法把钱节省下来，每月往家寄30元！生活的艰辛可想而知。尽管如此，他仍不断地鼓励自己：

“没关系，这只是暂时的，一定会好起来的。”

为了能得到老板的赏识，拿到更多的工资，他拼命地干活，一天下来，累得腰背酸疼。

“何苦这么难为自己？身体可是你自己的。”看到他这样拼命，好心的工友忍不住劝他。

“没关系，我还年轻，结实着呢！”他只是笑了笑。

两个月后的一天，经理把他叫到办公室，问：“你叫什么名字，来了多久了？”

“我叫王东晓，来了两个多月了。”他回答。

“嗯，小伙子表现不错，我决定提升你为材料员，每月工资涨30元。”经理说。

“谢谢经理！谢谢经理！”王东晓听后，高兴得合不拢嘴，连声道谢。

向前迈进了一小步后，王东晓更加坚信自己一定会有出人头地的那一天。他想：我是个打工的，要出人头地，得先赢得工友和老板的心。只有被老板重用了，才能有更大的发展空间。被工友认可了，才能在这里站稳脚跟，不被排挤掉。要实现以上目标，光靠卖力干活还不够，那么，怎样才能实现自己的目标呢？

这个问题，在王东晓脑海里萦绕了几天后，他终于有了点子：

“老板难得一见，工友朝夕相处，我得先跟工友搞好关系。工地的工作苦累，生活枯燥，我就设法丰富一下大家的业余生活。”

打定主意后，王东晓便拿出自己省下的那点钱，买了《水浒传》、《三国演义》等名著，认真阅读后，在晚饭后讲给工友们听。起初，只有平时常在一起的几个工友听，慢慢地，其他工友也被吸引了过来。累了一天，大家聚在这里听听王东晓讲评书，既打发了时间，也缓解了身体的劳累。时间久了，听王东晓讲评书，竟成了晚饭后不可缺少的活动，他讲得绘声绘色，大伙听得津津有味，不时还传来掌声和欢笑声。

一天晚上，老板来工地视察，听到远处传来的欢笑声，就问经理：“这是什么声音？”

“那是一个员工在给大家讲评书。”经理回答。

“哦？是吗？工地竟有这样的人才？走，看看去。”老板说着就循着声音走去。

老板站在人群后面听了一会儿，便走开了，他高兴地对经理说：“小伙子的口才不错，不做业务可惜了。”

于是，第二天，王东晓便被提升为公关业务员。他怎么也没想到，自己的这一举动竟能引起老板的注意，心里乐开了花。

“谁说非要做个马屁精、设法巴结领导才会被重用？看来，只要找到好的方法，什么都不是问题。”

尝到甜头的王东晓在之后的工作生活中，越来越注重方法，遇到难题时，他总会在心里默念：

“方法总会有的。”

一次，工友们酒后要与承包方拼命，他设法平息了那场争端。

平时，住处生活垃圾随手丢，起风时满天飞，他设法解决了。

夜班工人随地大小便，引人反感，他也设法解决了。

……

以上虽然都是些小事，但也都是令经理头痛的事。

王东晓解决的问题越多，他的能力越强，同时也越来越受经理的青睐，慢慢地成了经理的左膀右臂。

一天，他发现经理面带愁容，就关心地问：“经理，你是不是遇到什么难题了？”

“公司本来承包了一个工程，但由于难度太大，一些问题找不到解决方法，不得不放弃。”经理眉头微皱地说。

“方法总会有的”，每次遇到难题，王东晓总是抱定这种心态，最终问题也都迎刃而解。

所以，当他听经理说完这番话后，认真思索后说：

“就这样放弃太可惜，不如我们先接下来，我相信方法总比问题多。”

“我对这个项目没有把握。如果你看得准，可以由你带头来做。过程中如果有什么需要的，我可以给你提供帮助。”经理说。

王东晓突然意识到这是一个绝好的机会，一定不能让它白白溜走，便毫不犹豫地答应了下来。

做这个项目的过程中，确实遇到了不少麻烦，但是都被王东晓一一解决了。跌跌撞撞，项目总算完成，经理对他更是刮目相看。从此，王东晓便在他的事业之路上迈出了一大步。

这样，一个个的问题被他踏在脚下，他的事业也一步步地走向成功……

他就是后来的内蒙古金河集团董事长王东晓。

王东晓拥有了财富之后，在各级领导的支持下，创办了内蒙古金河饲料添加剂厂。1988 年一期工程年产饲料金霉素 1200 吨。目前已经成为世界上最大的饲料金霉素专业生产厂家之一，生产量占全球总量的 1/4。

【提示】

从在工地打杂，到材料员、业务员、经理的左膀右臂，到自己承担项目……最后到金河集团董事长，王东晓这一路走来，可谓披荆斩棘，踏着无数个问题过来的。尽管问题很多，但是他总能用头脑工作，找到方法解决。从他的经历中，我们不难看出：遇到问题并不可怕，关键是发挥头脑中的智慧，找到方法。

1. 遇到问题时，要坚持用头脑工作，要坚信“只要思想不滑坡，方法总比问题多”。只要保持积极乐观的思维方式和心态，总能在努力后找到解决方案。

2. 迎难而上，小心探索，解决问题的方法和灵感自然出现。

3. 不过，锄草锄根，解决问题要干净彻底，不能搞“面子活”，耍小聪明是不可取的，有时耍些小聪明看似问题解决了，往往会留下不少后遗症，从而引发更多的麻烦。

【反思与提升】

· 工作中遇到问题，你是盲目行动，还是用头脑工作，积极地想办法？

· 回忆你用头脑工作、解决问题的经历，总结你的思维方法、思维路径。

思考问题时不要目光短浅

“您知道，我们日本处于地震多发地带，为了能让我们的帝国大厦在地震中不被摧毁，请您为我们设计一栋可以抗震的帝国大厦。”1915 年，日本政府专程派出邀请团前往美国邀请建筑师莱特。

莱特接受邀请之后，跟随邀请团来到日本。

他先对日本的地质情况做了一番详细的考察，他发现：

一、日本遭遇的地震随剧震而来的波状运动比较明显。

二、通常情况下，要使建筑物更加牢固，地基需要筑得又深又厚。这样一来，地震发生时，地基便会随着地壳的移动而移动，地面之上的建筑物必然坍塌下来。

有了以上发现后，莱特做出了大胆的设计。他打破常规思维，把本应又深又厚的地基筑得很浅，主要利用那层深仅 8 英尺的土壤，地基由许多水泥柱组成。这样一来，地震发生后地基便会浮在泥海上面，地面上的建筑物就可以躲过地震。

为了确保这种地基的承受力，他花费了一年的时间反复实验、测算，最后根据大厦的预计总重量，算出地基所需的水泥柱数量。另外，大厦所用砖也是莱特专门设计的，其厚度比普通的砖加倍。

做好以上设计和准备工作后，大厦开始动工。

1920 年，大厦全面竣工，命名为帝国饭店。

1923 年，日本再次遭到地震的袭击，那是一次让世界都为之震惊的大地震！

身在洛杉矶的莱特听到这个消息后坐立不安，他迫切想知道震后帝国饭店的情况。

几天后，《洛杉矶检验报》的记者给莱特打来电话：

“我们接到消息，说您设计的帝国饭店现在已经被地震毁了！”

这位记者显然为找到这个新闻点而兴奋不已。

莱特非常震惊，他皱起了眉头……

数秒钟后，莱特又恢复了平静，他自信而坚定地说：“这不可能！如果你登出这样的消息，以后一定会声明更正的！”

10天之后，莱特接到小仓公爵从东京拍来的电报：

“帝国饭店安全度过地震，从此成为阁下天才的纪念品。”

在这次地震的袭击下，帝国饭店竟成为整个灾区唯一一个没有受到损坏的建筑！

莱特开心地笑了。

一时间，赞扬他的正面报道铺天盖地。

他因此成为世界知名的建筑师。

【提示】

面对日本东京特殊的地质特点，莱特目光长远，为了提高帝国饭店的抗震能力，他大胆地打破常规，把本应建得深厚的建筑地基建得很浅，并采取了相关措施从而使帝国饭店成为东京地震袭击中唯一安然无恙的建筑物。事实证明他具有先见之明，目光长远。

1. 认真调查研究是目光长远的基础。

2. 工作中要敢于质疑常规思维和常规做法。

3. 在调查研究的基础上，如果发现常规方案有致命错误，就要敢于打破常规，勇于创新。

【反思与提升】

· 你重视调查研究吗？

· 如果你发现常规做法有致命问题，你敢于质疑常规思维和常规做法吗？

· 你有过因目光短浅、因循守旧而导致的教训吗？

· 你有过因打破常规而有重大建树的经历吗？

考虑问题时要抓关键

20世纪80年代，可口可乐的部分市场被百事可乐蚕食。如何夺回自己原来的市场份额，成为可口可乐的一件大事。

可口可乐与百事可乐一直在为抢夺市场而较量着……

新上任的可口可乐CEO郭思达感觉到肩上责任重大，他召集各级管理人员商讨对策。

各级管理人员八仙过海，各抒己见，各出奇招，目标齐刷刷地都指向被百事可乐抢占的市场，试图从百事可乐手中夺回市场占有率。

“大家这些抢夺方法确实不错，但是，各位有没有考虑到一个问题：就算我们把百事可乐手中的市场占有率全部抢过来，又有多少？更何况完全将百事可乐吞食显然不太可能。”郭思达对大家的方案并不满意。

一时间，大家都搞不明白郭思达的言外之意，个个面面相觑。

郭思达接着说：“在寻找方案之前，我们要先明白问题的根本症结在哪里，这样才能一举成功。谁能告诉我，美国人平均一天消耗多少液体饮料？”

“14盎司。”其中一人不假思索地回答。

“那么可口可乐占其中多少？”郭思达继续问。

“2盎司。”又有人很快地答道。

“大家看出问题所在了吗？”郭思达扫视了一下在场的人说，“在做方案之前，我们必须得弄明白一个问题，可口可乐要抢占的是整个饮料市场，即12盎司的水、果汁、牛奶、咖啡等，而非仅仅专注于百事可乐那几盎司的市场。我们要做到的是：当人们想要喝些什么的时候，首先想到的是可口可乐。这样，我们的目标就实现了。”

在场的人听后，无不拍手叫绝。

找准问题的根本所在后，可口可乐制订了一套周密的方案，成为全球销量排名第一的碳酸饮料。目前，可口可乐已经成为全球最著名的软饮料品牌，在全球拥有 48% 的市场占有率。

【提示】

这个故事启示我们：与其被问题牵着鼻子走，不如找准问题的关键所在，对症下药。只有这样，才能彻底解决问题。

1. 遇到问题，不要盲目行动。

2. 找到关键，也就等于解决了一半问题。

3. 针对问题的关键制订周密的行动方案。

【反思与提升】

· 你有过因未找到问题的关键而走了许多弯路的教训吗？回顾你的经历，总结教训。当时，你面临的问题的关键是什么？后来，你解决问题了吗？如果再给你一次机会，你将怎么处理？

· 你有过因一下子找到问题的关键而从根本上解决了问题的经历吗？总结你的经验，并推广到其他问题上。

告别盲从的思维习惯

一个城市招聘市长助理，经过多项文化课与综合素质的角逐，有一部分人获得了最后一项特殊考试的资格，这也是最关键的一项。

那天他们轮流去一个办公室应考，这最后一关的考官即市长本人。

第一个年轻人走过来，只见他一头金发熠熠闪光，高大魁梧，仪表堂堂。

市长带他来到一个特别的房间，房间的地板上洒满了碎玻璃，这些玻璃尖锐锋利，望上去令人胆战心惊。

市长用十分严厉的口气对这个年轻人说："脱下你的鞋子，将里面桌子上的一份登记表取出来填好交给我。"

这个年轻人毫不犹豫地脱下鞋，踩着尖锐的玻璃取出登记表，填好交给了市长。他强忍着钻心的痛，依然镇定自若，表情泰然，静静地望着市长。

市长指着大厅平静地说："你可以去那里等候了。"这个年轻人高兴地朝大厅走去。

市长带着第二个小伙子来到另一个特殊的屋子，屋子的门紧紧地关闭着。市长冷冷地说："里面有一张桌子，桌子上有登记表，你进去把表拿出来，填好交给我。"

男人忙去推门，门却锁着。

"用脑袋把门撞开！"市长命令道。

这位小伙子不由分说地低头硬撞起来，一下，两下，三下……足足半个小时过去了，小伙子被撞得头破血流，门终于开了。他取出登记表认真地填好，交给了市长。

市长说："你可以去大厅等候了。"这个小伙子也满怀希望地走向大厅。

……

就这样一个接一个，那些身强体壮的年轻人都用自己的意志与勇气证明了自己。

此时，市长的表情有些沉重。他带最后一个小伙子来到另一个房间。市长指着站在房间里的一个瘦弱的老人对小伙子说："他手里有一张登记表，去把它拿过来，填好交给我。"

这个年轻人转向老人索要登记表，但老人却不给他。他向老人说了许多好话，还是没有拿到登记表。

这时市长高声喝道："用你坚硬的铁拳将他打倒！"

这个年轻人把严肃的目光投向了市长："为什么？你得让我有足够的理由！"

"不为什么，这是命令！"

"你简直是个疯子，我凭什么打别人？何况他是虚弱的老人！"

市长又带他去了那个有碎玻璃的房间、紧锁着门的房间及其他选手曾经去过的每个房间，都一一遭到了他的反对与拒绝。市长对他开始大发雷霆。

这个年轻人气愤地转身就走。

恰在这时，年轻人却被市长叫住了。

只见市长将所有应考的人都召集在一起，告诉他们只有最后一个年轻人考中了。

那些伤筋动骨的人都捂着自己的伤口，把目光投向了考中的人，仔细地审视着他，但是发现他身上从上到下一点伤都没有。他们都惊愕得张大了嘴，非常不服气，异口同声地反问道："为什么？"

市长说："你们都不是我想要的助理。"

“那你想要的助理是什么样的？为什么他就符合条件？”

市长语重心长地说：“我想要的助理应该有自己的主张，是相信自己的人，而不是唯命是从，唯唯诺诺，丢失本色，为没有道理的事而盲从盲动，甚至做出无谓牺牲的人。”

【提示】

一个缺乏自信，盲目按别人命令工作的人，无法独立地解决工作中的突发问题。一个真正优秀的下属，不但具备忠诚的品质，而且有坚定的自我信念。真正忠诚的人忠诚的是公司的利益，而不是盲从上司的命令。

【反思与提升】

· 你有过盲从的教训吗？如果有，你打算怎么改变？

· 你有过只服从公司利益、坚持理性自主的成功经历吗？

突破思维定式的束缚

“这真是个令人讨厌的颜色，看着就碍眼，要是能换一种颜色该多好！”当车间装配工中村看到那些被漆成黑色的电风扇时，倍感心里堵得慌。

旁边的工友们听到他的意见，哄堂大笑，你一言我一语，议论纷纷，都在指责他这种不切合实际的想法：

“电扇有史以来都是黑色的，如果电扇不是黑色的，那还是电扇吗？”

“是呀，全世界的电扇都是黑色的，我们松下的电扇自然也是黑色，难道我们还能打破这个常规，生产些其他颜色的电扇？比如蓝色、红色、紫色、黄色？那还是电扇吗？想想都觉得奇怪。”

“黑色可是自打有电扇以来，一直惯用的颜色，早就成了无文的规范，你还想搞点个性？”

……

“哈哈，我只是一时心烦，随口说说。这种想法确实挺滑稽的。”中村听了大伙的议论，也跟着笑了起来。

松下电器公司生产的电扇近段时间销量很低，积压了大量库存卖不出去。为此，厂内7万多名职工绞尽脑汁，奇招百出，却没有明显的效果，销路依然打不通，职工们都为此事着急。

松下幸之助更是心急如焚，但苦苦找不到突破困境的方法。职工们这番看似打趣的玩笑话无意间钻进他耳朵后，久久萦绕不能消散……

松下幸之助是日本著名跨国公司“松下电器”的创始人，被称为“经营之神”。

1918年，松下幸之助在大阪创立了松下电器制作所，起初做的是电灯灯座。

1927年，松下电器公司开始制作自行车用的车灯。

1951年，松下幸之助到美国，以电视机打开了松下电器在美国的市场。他与飞利浦签订技术合约，将西方的先进技术引进日本，使得松下电器有了突破性的发展。

这一路走来，辛酸苦涩难以言表，但他都挺过来了，什么大风大浪没见过，怎么也不能被一个小小的风扇滞销问题打倒。

于是，松下幸之助反复思量着那几位员工的笑谈："颜色碍眼……都是黑色……打破常规……"这些字眼不断在松下幸之助的脑中闪现。

"电扇不用黑色就不是电扇了吗？显然这种说法站不住脚，把它改成什么颜色它还是电扇，依然能吹风给人带来凉快。既然黑色的电扇让人心烦，为什么不改用别的颜色？电扇既然是让人凉快用的，如果改用让人感觉清凉的颜色不是更好？要突破困境就得敢于突破常规，不做经验的奴隶。"松下幸之助想到这里，顿觉眼前豁然开朗。

于是，他立即召集各部门经理开会商讨这一方案。最终，大家一致通过使用浅蓝色作为电扇的颜色。

很快，一批浅蓝色的松下电扇出现在市场上。顾客看到后反应强烈，给它的评论更是条条别出心裁：

"蓝色的电扇！从来没见过，单这个颜色就让人感到凉爽！我就要这台！"

"这些蓝色的电扇可真漂亮！吹着它就像在海边吹风一样！"

"黑色的电扇与蓝色的电扇放在一起，显得太丑陋了。黑色电扇活像个黑老头，蓝色电扇则俨然一位青春靓丽的少女。还是蓝色好看，我要蓝色的。"

……

蓝色电扇的问世掀起了一场抢购热潮，一时间成了一种时尚，短时间内竟售出了几十万台。

松下公司电扇滞销的困境就这样被一个不起眼的颜色打破。

从此，世界各地出现了各种颜色的电扇，电扇再也不是统一的黑色。

【提示】

松下幸之助勇敢地打破了电扇只能是黑色这个思维定式的束缚，使得电扇滞销这一困境得以突破。这充分说明：遇到问题要敢于突破思维定式，不能做思维定式的奴隶。

1. 如果思维定式行不通时，就要果断地突破，转换思维方向。

2. 不要被思维定式迷惑，不能被现成的规则束缚，也不能被权威误导，只有坚持独立开放的思维，相信自己的判断能力，审时度势，勇于创新，才能成为一个有创造力的员工。

3. 敢于从工作困境中主动探索，另辟蹊径，创造出更大的成就。

【反思与提升】

· 你是一个习惯于被陈规旧俗束缚的人吗？

· 你曾有过因打破思维定式而走出困境的经历吗？如果有，你从中得到了什么启发？

· 你身边有创造力很强的员工吗？他们是不是总能将工作中的困难顺利解决？留心观察他们是如何做到的。

拓展你的思维空间

“怎样让小孩子都来买我的‘香甜’牌糖果呢？” 20世纪20年代，美国有一个经营糖果的商人叫罗宾，他拥有一家小糖果厂和几家小店，他的糖果销售状况很不理想。在众多大糖果厂的挤压之下，他虽然使出全身解数，但都收效甚微。眼看自己工厂的糖果销量越来越少，罗宾陷入了深深的忧虑……

一天，正在户外边活动边考虑这个问题的罗宾看到一群孩子正在玩游戏，他立即被吸引住了。

孩子们把几颗糖果平均放在几个口袋里，由一个公选的人把一个“幸运糖”（一颗大一些的糖）放进其中某个人的口袋里，不许别人看见，然后让大家猜测“幸运糖”在谁的口袋里，猜中者可以得到那颗稍大一些的“幸运糖”，有幸拿到“幸运糖”的人就要享受特权，即他是皇帝，其他人是臣民，每人要贡献一颗糖……

罗宾思索着孩子们有趣的游戏规则，突然一个灵感撞入脑海，他欣喜若狂！思考了许多天，他终于有了一套宏伟的计划！

罗宾把“香甜”牌糖果改为“幸运”牌糖果。由于当时美国的许多糖果是以1分钱的价格卖给小孩的，罗宾就在一定比例的糖果包里包上1分钱的硬币作为“幸运品”，并在报纸、电台打出口号:“打开，它就是你的！”这一招很有效果，因为如果买中了包有硬币的糖就等于免费吃到了糖果。

孩子们争先恐后地去买罗宾的糖果……

罗宾除了大量投入生产外，还不惜血本招来许多经销商，另外再大做广告，将“幸运”糖描绘成一种可以获得幸运机会的新鲜事物，并创造出一个可爱的小动物形象作为标志，使人人非常熟悉。因为他的促销方法奇特新颖，立即闻名全国，销路大开。

罗宾的“幸运”牌糖果的销量像长了翅膀一样，迅速涨了几百倍。

于是，其他糖果商也蜂拥而上，纷纷模仿罗宾的销售方法。

罗宾就更进一步，买中“幸运”品糖果的不仅免费，还可以奖励几颗糖。

后来他又在食品中放上其他物品，诸如玩具、连环画……

总之，罗宾始终处于同行前列。不久，他就拥有了800多万美元的资产。

【提示】

罗宾很善于观察生活，他从孩子们小小的游戏中，悟出了新的销售策略。然后，他拓展自己的思维空间，在糖果销售的同时，设下了具有诱惑力的奖金或各种各样的奖品，那个孩子都想中奖，结果诱发孩子们大买糖果，他终于大发其财。罗宾抛出去的只是些小小的奖金和小玩意儿，却为自己赢来了巨额财富。

罗宾成功的销售创意启示我们：

1. 要善于观察生活，才能把握规律。

2. 从规律出发，拓展自己的思维空间，就会有新的创意。

3. 创新没有止境，只要我们继续向前思考，总会有新的创意。

【反思与提升】

· 你是个善于观察生活的人吗？

· 你有过因观察生活而拓展自己思维空间的经历？如果有，你从中得到了什么启发？

· 你觉得拓展思维空间的方法还有哪些？

拥有与众不同的想法

20 世纪 70 年代，迈克尔·戴尔还是一个孩子，他的父母在饭桌上谈论的都是通货膨胀、石油危机一类的话题，这些话题和知识使戴尔从小就对商业发生了浓厚的兴趣。

12 岁那年，戴尔进行了他一生中的第一次商业冒险。

戴尔从拍卖商那里买来邮票，也说服邻居把邮票委托给他，然后在专业刊物上刊登卖邮票的广告。

出乎意料，他赚到了 2000 美元！

这让迈克尔·戴尔第一次感受到拥有与众不同的想法——不经过中间人的好处。

这一次经历，同时使小戴尔第一次体会到：如果有好的点子，绝对值得采取一些行动。

在第一次尝到直接销售的甜头后，迈克尔·戴尔在年龄稍大以后的创业尝试中，开始把这一“直接模式”发挥得淋漓尽致。

还在读初中时，迈克尔·戴尔就拥有了一台属于自己的苹果电脑。

他迅速将兴趣转移到电脑背后的商机。

不久，他注意到了商业用途更多的 IBM 个人电脑。

他热切地学习一切有关电脑的知识，利用卖报纸赚到的钱购买电脑零部件，将电脑改装后卖掉，获取利益，接着再改装另一台。

这期间，他发现电脑的售价和利润空间并没有常规。一台售价 3000 美元的 IBM 个人电脑，零部件可能只要六七百美元就能买到。而且，大部分经营电脑店的人不大懂电脑，并不能为顾客提供技术支持。而他当时已经买进了一模一样的电脑零件，并把电脑升级后卖给认识的人。于是，迈克尔·戴尔产生了一个想法：只要自己的销售量再多一些，就能够跟那些电脑店去竞争，因为没有中间商，自己改装的电脑不但有价格上的优势，还有品质和服务上的优势，即能够根据顾客的直接要求提供不同功能的电脑。

在得克萨斯大学读大一期间，他就开着用卖报纸赚来的钱买的一辆白色宝马车直销改装电脑，车的后座放着三部电脑。他无疑是得克萨斯大学一名真正靠自己致富的另类学生。

不久，戴尔认识到电脑必将成为未来最重要的工具，他感觉自己面前正摆放着一个巨大的商业机会！

当时，包括苹果电脑和IBM等生产电脑的大厂家都选择通过经销商来销售电脑，但迈克尔·戴尔则想凭借直接销售这种更有效率的方式为顾客提供更好的价值及服务，并希望成为这一行的佼佼者。

1984年，迈克尔·戴尔从学校退学，在奥斯汀一个约93平方米的办公室开设了自己的公司，命名为“戴尔计算机公司”。

戴尔计算机公司继续采用了曾让他在少年时就第一次赢利的“直销模式”。当全球其他电脑制造厂商正在经历着销售低迷的痛苦时，戴尔电脑却继续着他的成长故事。当戴尔公司遍及世界的出货量在2002年第二季度增长18%时，其他厂商的出货量则下降了4%。当48岁时，迈克尔·戴尔已经在其创立的戴尔计算机公司里担任了将近30年的首席执行官。戴尔计算机在1984年成立时注册资金只有1000美元，而到了2001年，它的销售额已达到310亿美元，在全球拥有3.6万名员工。

【提示】！

戴尔公司始终能保持快速增长就得益于戴尔拥有与众不同的想法——直接面向顾客销售的“直销模式”。很多道理的确是放之四海而皆准的，在小事方面体现出优势的方法，在大的事业上照样是行得通的。

【反思与提升】

· 你有过因拥有与众不同的想法而获益的经历吗？

· 面对戴尔的成功，你的感悟是什么？

寻找解决问题的新角度

“为什么我拥有了各种优越的条件，而我的保险柜却这么难卖呢？”年轻的摩斯在纽约闹市区经营一家保险柜商店，无论从市场条件、规模设施和商品的价格、质量等各方面来衡量，他的生意都应该是不错的。可事实上来购买保险柜的顾客却少得可怜！摩斯非常苦闷，他对此百思而不得其解，决心解开这个谜团。

日复一日，细心的摩斯从前来询问和观看保险柜的顾客中了解到，关键是人们缺乏一种购买保险柜的紧迫感。因为保险柜的价格比较昂贵，而人们对防盗却往往存在某种侥幸心理，认为遭遇盗窃之祸的人家毕竟很少，不买保险柜也未必就会遭到盗窃！觉得花费一大笔钱来“以防万一”似乎很不值得。

摩斯了解到这一心理之后，就开始琢磨：社会上盗窃事件是常有发生的，何不利用已经发生过的偷盗案件来激起人们的警惕性和紧迫感，从而推动自己的保险柜销售业务呢？

摩斯想到这里，立即赶往纽约市警察局，他对接待他的警察局长说：“听说，前一阵在本市发生了几起重大盗窃案，案件至今未曾破获，案犯未曾拿获，我极愿为警方助一臂之力。”

“你将如何帮助警方呢？”纽约市的警察局长立即对摩斯大感兴趣。

“我想把那些未曾拿获的盗窃犯的照片张贴在我商店的橱窗里，让更多人了解案犯的特征，帮助破案。”摩斯亮出了自己的底牌。

警察局长略作思考，将通缉中的盗窃犯的照片和资料提供给了摩斯。

回到商店以后，摩斯将这些照片和资料张贴在商店的橱窗里，橱窗里也陈列着他出售的各种保险柜的样品。

摩斯这一招果然非常管用。他张贴在橱窗里的罪犯照片每天吸引成百上千的行人来橱窗前驻足观看……

当人们从照片和资料中了解到骇人听闻的盗窃案件后，不少人为了避免自己的财物被盗，就在摩斯的商店里购买了保险柜。

这种做法也带来了较好的破案效果：由于盗窃犯的照片和资料在橱窗张贴后广为人知，市民纷纷将有关情况向警察局举报，使警方陆续破获了这些盗窃大案。

于是，警方表彰了摩斯的功绩。

摩斯又把警察局的奖状、报纸的报道贴到了橱窗里，这不啻又为他的保险柜做了最好的广告！

摩斯的商店生意更加兴隆，每天都顾客盈门。

就在摩斯贴出这些照片后的第一个月，他的商店就售出了48台保险柜，第二个月又上升到了72台，后来每月的销量都没有低于72台。

【提示】

聪明的摩斯通过与客户的沟通，找到了解决问题的新角度——通过提高人们购买保险柜的紧迫感来促销。于是，他从警察局要来通缉犯的照片，结果，他不但卖出了更多的保险柜，而且无形中帮助警察局抓到了通缉犯。没想到，这又为他增加了宣传广告的分量。摩斯的成功经历启示我们：

1. 及时沟通，是启发我们找到解决问题的新角度的突破口。

2. 勤于思考、善于思考是找到解决问题的新角度的关键所在。

【反思与提升】

· 你有过陷入思维死胡同的痛苦经历吗？

· 你有过因改变思维角度而轻松解决问题的经历吗？

· 寻找解决问题的新角度，解决当前的工作问题。

把复杂的问题简单化

“这些总结，一点儿用都没有！不仅浪费纸张，还浪费时间：写的人也浪费时间，看的人也浪费时间。这样怎么会出效益？！”1999年12月，卢平担任长沙卷烟厂厂长之后，更加繁忙了。“每次出差回到办公室，都会看到办公桌上一大堆文件、报告要我批阅。如果把它们全部看完，需要花费不少时间；不看吧，耽误了要紧事务怎么办？”虽然案头上的公文最让她头疼，但无奈之下，她只好耐下性子一份份阅读、批示……在阅读中，她逐渐发现，多数员工在写总结时，喜欢把注意力放在自己身上，喜欢从自身利益和岗位利益出发，而非从公司大局利益出发。不管一个员工的业绩如何，只要一写总结，他总能把自己吹得天花乱坠。

一天，她又看到一份报告，洋洋洒洒写了十多页，看是头头是道，实则拉杂冗长。与其说是一份工作报告，倒不如说是卖弄文笔更为贴切。看完后，她发现实质性的内容就那么一点，还夹杂在那些乱七八糟的文字中间。这让卢平很生气，她把这位员工叫来，严肃地说：

“你的报告太繁琐复杂，拿回去重写，尽量简单些。”

员工愣了一下，接过报告走出了卢平的办公室。他早已习惯了面面俱到、长篇大论地写报告，突然被要求写得简单些，一时间还真有些犯难。但是厂长说了，他又不能不照办。他费了九牛二虎之力，总算忍痛将报告压缩到5页，十分满意地再一次递交到卢平面前。

卢平没看内容，只快速翻了一下页数，又还给了他，说：

“不行，再简单些，最好能用一页纸写完。”

“啊？”员工瞪大了眼睛，表示难度很大。

"'啊'什么？照做就是了。"卢平严厉地说。

当员工把一页纸的报告交到卢平手里后，她看了看，摇摇头说："行了，报告先放在这里吧。你出去的时候，让秘书通知全体员工下午两点开会。"

卢平之所以摇头，是因为这次的报告虽然简单了，但内容却不够全面。其实，这几天她也没闲着，一直在考虑如何简化报告的事，下午开会也是为这事儿。

卢平在会议上郑重地提出了自己的新要求。她说："以前大家写的报告都很好，只是太复杂，如果能简单些，那将会更完美。简短的报告既节省了大家的书写时间，也节省了我的批阅时间，整个公司的工作效率将会跟着提高。从现在开始，凡是给我看的东西，就只能是一张纸，上面直截了当地写：题目、问题、方案、机遇、风险、结论和审批就可以，其他任何多余的东西都不要，没有实质意义的文字一个字都不能出现！"

从此后，卢平办公桌上的报告总结都变得简单清晰，一目了然。大家都把注意力从个人如何转到工作进展如何、公司存在什么问题、竞争对手怎么样。这样，她批阅报告、处理事务的效率大大提高了，公司开始进入良好的工作状态，公司效益也随之提高了。

1999年12月，卢平开始担任厂长兼党委书记、白沙集团总裁。在她的经营下，"白沙"成为全国性品牌。

2005年3月1日，卢平当选中国妇女界最高荣誉奖——第五届"中国十大女杰"。

【提示】

卢平通过将复杂的问题简单化——要求简化公司内部的报告总结，使整个公司的工作效率显著提高。

工作中时时处处都要注意化繁为简，以提升工作效率。应尽量将复杂的工作简化，准确找到并把握事物的规律，去伪存真，避免节外生枝，把自己陷入繁乱、漫无头绪的窘境中。这样就可以提高工作效率，收到事半功倍的效果。

【反思与提升】

· 你向领导递交的文件通常非常精炼，还是十分繁杂、冗长？

· 你习惯把简单的事情复杂化，还是习惯把复杂的事情简单化？

· 结合自己谈谈工作复杂化的弊端和工作简化的好处。你今后准备如何简化自己的工作？

抓住突如其来的灵感

“爸爸，我为什么不能马上看到你为我拍的照片呢？”1943年的某一天，宝丽来公司的创始人爱德华·兰德博士3岁的女儿突然问他。1937年，爱德华·兰德就根据漫射转移原理，直接在既充当胶卷又充当相片的感光材料表面上记载图像，发明了一次成像照相系统，但这离实用差得还很远。爱德华·兰德一直在研制一次成像照相器材，却未能在实用上取得实质性的进展。

面对女儿的问题，爱德华·兰德一时不知如何回答才好，他觉得自己无法用抽象的理论或简单的事实回答女儿的询问。

不过，他转念一想：女儿的问话不正说明自己努力的方向是正确的吗？自己应该把女儿的话当成对自己的期望和激励。

于是，他俯下身来，对女儿说：“宝贝，现在所有的照相机都还不具备成熟的、拍完就能看到照片的功能。不过，爸爸一定会为我的心肝宝贝发明出你想要的一次成像的照相机！”

女儿抬头盯着爱德华·兰德博士的眼睛，她虽然听得似懂非懂，但她从爸爸的眼神感觉到，爸爸现在还不能给自己这样的照相机，但将来一定能。于是，女儿冲他点了点头：“嗯，咱们一言为定！”

“好，一言为定！”

1947年2月，经过多年对基本散转印工艺的研究和改进，爱德华·兰德终于研制成功世界上第一台实用的一次成像照相机。他在美国光学协会的一次会议上展出了宝丽来的一次成像照相机，引起了巨大的轰动。

1948年，爱德华·兰德开始将这种实用的一次成像照相机投入批量生产。以后他又致力于研制生产各种不同的一次成像胶片。

1963 年，爱德华·兰德的宝丽来公司又推出一次成像彩色胶片及可连续拍摄的插盒式一次成像照相机。

1970 年，他的宝丽来公司又制成了 SX–70 单镜反光一次成像照相机。

1978 年，宝丽来又在 SX–70 相机上装备了声纳自动对焦装置。

1976 年，柯达公司开始介入一次成像系统的生产，为此，宝丽来公司诉柯达公司侵犯其专利权，致使两家公司形成长达 10 年的官司之争，最终以宝丽来公司胜诉而告终。宝丽来公司成了一次成像摄影系统的垄断企业。

1998 年宝丽来公司收入达到 18.6 亿美元！

【提示】

女儿的一句话，使爱德华·兰德更加坚定地投身发明一次成像照相机的事业。他紧紧抓住这个灵感，不但实现了对女儿的承诺，也改变了他自己和他的宝丽来公司的命运。

1. 注意倾听周围人的需要，重视与周围人的沟通，注意从中捕捉工作的灵感。

2. 得到灵感，应该立即付诸行动，不懈努力，才能够实现目标。

【反思与提升】

· 你从与他人的沟通中得到过工作的灵感吗？

· 你觉得捕捉工作灵感的方法都有哪些？

工作中的逆向思维

“大海上瞬息万变，危机四伏。为了应对突发的海难，我们应该组织一个自愿紧急救援队。”多年以前，荷兰的一个小渔村有了这样一个组织。

那是一个漆黑的夜晚，海面上乌云翻滚，狂风怒吼，巨浪掀翻了一条渔船！船员们的生命危在旦夕，他们发出了SOS求救信号。

自愿紧急救援队的队长接到警报，火速召集自愿紧急救援队的成员，乘着划艇，冲入了汹涌的海浪中！

忧心忡忡的亲属和村民们聚集在海边，翘首眺望着波涛汹涌的海面，他们每人都举着一柄提灯，为救援队照亮凶险四伏的归途。

一个小时之后，救援队的划艇终于乘风破浪向岸边驶来！

人们喜出望外，欢呼着上前去迎接。

当救援队长清点人数时，发现漏掉了一个人！

刚才还欢欣鼓舞的人们顿时安静下来，才落下的心又悬到了嗓子眼儿。

救援队长急忙组织另一队自愿救援者前去搭救那个丢下的人。

16岁的汉斯自告奋勇报了名。

他的母亲抓住了他的胳膊，用颤抖的声音说：“汉斯，你不要去。10年前，你的父亲就是在海难中丧生的，3个星期前你的哥哥保罗也出海了，可是到现在连一点消息也没有。孩子，你现在是我唯一的依靠了！求求你千万不要去！”

看着母亲憔悴的面容和近乎乞求的眼神，汉斯心头一酸，泪水在眼中直打转，但是他强忍住没让它流下来。

“妈妈，我必须去！”他坚定地答道。“妈妈，您想想，如果我们每个人都说‘我不能去，让别人去吧！’那情况将会怎样呢？”汉斯张开双臂，紧紧地拥抱了一下他的母亲，然后义无反顾地登上了救援队的划艇，冲入无边无际的黑暗之中……

10分钟过去了，20分钟过去了……一小时过去了……

这一个小时，对于汉斯的母亲来说，真是太漫长了。

终于，救援船再次冲破黑暗，出现在人们的视野之中！

只见汉斯站在船头向岸上眺望，救援队长把手握成喇叭状，向汉斯高声喊道：“汉斯，找到了吗？”

汉斯高兴地大声回答：“队长，我们找到啦！请您告诉我妈妈，我还找到了我的哥哥——保罗！”

【提示】

汉斯之所以得到了善果，不是因为上天神灵庇佑，而是因为他敢于逆向思维，敢于面对问题和危机，不逃避、不回避，积极去解决问题，化解危机。他的行动之所以有结果，全是因为他自己志在必胜的积极乐观的精神。所以，要解决问题，化解危机：

1. 要敢于逆向思维，不要被问题、危机吓倒。

2. 不要着急，努力使自己平静下来，以旁观者的心态分析问题、危机。

3. 正确分析产生问题、危机的根本原因，找出解决方法。

4. 在暂时摸不透现状和结果的情况下，要不断尝试新的解决方法。

5. 关键时刻需要豁出去的精神，敢于迎难而上。

【反思与提升】

· 你遇到难题，你是逃避，还是努力通过逆向的思维去解决？

· 你有过因逆向思维而解决问题的经历吗？你的心得是什么？

第6靠 sixth

合作：团队至上，大局为重

单打独斗难成事，不要将自己孤立于团队之外。工作中，要坚持将团队利益放在第一位，以大局为重。要尊重团队里的每一个人，与人为善，以诚相待，相信自己的合作者，互相弥补，积极配合……

团队的利益重于一切

“什么时候我想占领市场，什么时候市场就是我的！”美国的钢铁大王卡耐基曾发出这样的豪言壮语。而给卡耐基信心的人叫齐瓦勃。齐瓦勃出生在美国的一个小乡村，一个偶然的机会，他成为卡耐基钢铁公司下属的布拉德钢铁厂的一名技师。他出众的才能和超人的工作热情，使他在工厂里很快崭露头角，引起卡耐基的注意，一次次被提拔，后来成为布拉德钢铁厂的厂长。在齐瓦勃的管理和带领下，布拉德钢铁厂的效益有了突飞猛进的增长。

到20世纪初，卡耐基钢铁公司成为世界上最大的钢铁企业，其中齐瓦勃的功劳不容忽视。

一个从小乡村出来的平凡得不能再平凡的小人物，有什么过人之处？他是凭着什么力量推动一个庞大的钢铁企业走上行业巅峰的？

“如果他卡耐基敢拒绝，我就与贝斯列赫姆联合。目前，贝斯列赫姆已经是美国第二大钢铁公司，我们联合之下，卡耐基必将处于弱势地位。”下属向卡耐基如实汇报听到的风声。

“他摩根真是这么说的？”卡耐基想再次确认消息的可信度。

“这样的话早就传得人尽皆知了！”下属十分肯定地说。

“摩根也太狂妄了！”卡耐基愤怒地说。

“谁让人家是目前控制美国铁路命脉的大财阀呢？您打算怎么办？”

“与他联合本是件好事，只是他提出的条件太苛刻，对我们十分不利。若真拒绝了他，他一旦与贝斯列赫姆联合，形势对我们会更加不利。”卡耐基显得左右为难，陷入了沉思。

下属也无计可施，一言不发。

沉默了一会儿，卡耐基拿出摩根给他的合约仔细阅读，只见他眉头紧锁，偶尔用笔圈圈点点，完了之后对下属说：

“你去把齐瓦勃叫来！”

卡耐基把修改后的合约看了又看，眉头像是被锁死，怎么都舒展不开。

他看见齐瓦勃走进来，把合约递过去说：“你把我修改后的合约整理一下，按上面的条件与摩根谈合作事宜。”

齐瓦勃没有开口，接过合约，细看后对卡耐基说：“这样的条件摩根肯定乐于接受，但对您十分不利。”

“那又能如何？与其让他跟贝斯列赫姆联合，不如我做出点牺牲！”卡耐基无奈地说。

“看来您是高估了摩根，他的实力并非您想象得那么强大！况且，他跟贝斯列赫姆的联合也不可能一蹴而就。”齐瓦勃提出了自己的看法。

“哦？说说看。”卡耐基如同看到了希望，急切地想听听齐瓦勃的意见。

“我对这件事已经做了详细调查，如果您信得过我，就把这件事交给我来处理。”齐瓦勃绕开卡耐基的问题，主动请缨。

“那好吧，你就去跟他谈谈。”卡耐基虽然很想知道齐瓦勃为什么如此有把握，但并没有再次追问，而是批准了他的请求。

最终，齐瓦勃不负重托与摩根谈妥合作事宜，并且在条件上使自己公司占了主导地位。这让卡耐基对他更加刮目相看，同时也让下属对他敬佩不已。

“总裁都束手无策的事情，您是怎么做到的？”下属十分好奇地问齐瓦勃。

“呵呵，其实很简单，只要本着‘维护公司利益’的原则做事就行了。”

齐瓦勃笑了笑说。

‘维护公司利益’的原则？就这么简单？”下属感觉难以置信。

“是呀！面对公司的问题，你本着这个原则去设法处理，就一定能找到最好的方法，收到最佳的成效。我能从一名不起眼的技师，一步步升任为部门主管、建筑公司经理、布拉得钢铁厂厂长，直至今日的钢铁公司董事长，全凭这一做事原则。”

下属听得一头雾水。

齐瓦勃笑笑说：“你记住，个人的利益与公司的利益永远都是密不可分的，维护了公司的利益就是保障了个人利益。工作去吧，慢慢你就会明白的。”

【提示】

齐瓦勃的成功离不开他的处世原则——团队的利益重于一切，自觉“维护公司利益”，这一原则使他始终与公司共同进步，最终走向辉煌。

从一定程度上说。公司的利益是员工利益的源泉，维护了公司的利益就等于保障了个人利益。

1. 将团队利益放在第一位，自觉维护公司利益，是每一个员工必须恪守的基本职业道德。

2. 面对工作中的问题，要把“维护公司利益”放在首位，然后再去寻找解决方案。

3. 与客户谈判的过程中，要时刻牢记自己的立场——“维护公司利益”。

【反思与提升】

· 工作中你能够自觉地将团队利益放在第一位吗？如果能，你的心得是什么？如果不能，你有过教训吗？你的教训是什么？

· 工作中，你做过假公济私的事情吗？

· 与客户谈判时，你有没有被客户牵着鼻子走的经历？你有没有意识到这其实是“维护公司利益”的立场不够坚定？

· 当公司利益与个人利益冲突时，你会如何处理？如果你选择了维护个人利益，有没有意识到公司利益的损失其实也在一定程度上间接地损害了你的个人利益？

顾全大局，共荣共损

2001年，“9·11”事件后，美国的航空公司几乎全部陷入了困境，而美国西南航空仍然平稳地发展着。

2005年，运力过剩和史无前例的燃油价格上涨，使得美国整个航空运输行业共亏损100亿美元，亏损严重的航空公司不得不申请破产法保护，而美国西南航空公司仍然保持着赢利的态势。

美国西南航空以“廉价航空公司”而闻名，是民航业“廉价航空公司”经营模式的鼻祖。1971年6月18日，美国西南航空公司由罗林·金与赫伯·凯莱赫创建，总部设在得克萨斯州的达拉斯。成立之初，它是一个仅有三架飞机、只飞短程航线的小公司。在相当长一段时间里，西南航空公司被其他航空公司视为“不正规”的公司。到1973年，仅用了两年的时间，美国西南航空就开始赢利。后来，逐步发展成为美国国内通航城市第一、载客量第二、世界载客量第三的大型航空公司。美国西南航空创造了多项美国民航业纪录：利润净增长率最高，负债经营率较低，资信等级最高，是自1973年以来惟一一家连续盈利且盈利时间最长的航空公司。

西南航空公司如何用短短两年的时间迅速壮大？又如何一直保持着连续盈利的发展态势？

“我最关心的是员工的团队精神、企业的文化与价值，因为一旦丧失了这些无形资产，也就断送了可贵的竞争优势。”西南航空公司总裁赫伯·凯莱赫的这句话给了我们答案。

一天，西南航空的一位主管与朋友一起吃饭，朋友好奇地问他：

“为了挽留你，你之前任职的公司开出了高出现在2.5倍的薪水，你为什么还义无反顾地辞职，来到西南航空工作？”

“之前任职的公司虽然薪水很高，但我总觉得是单枪匹马在工作，而在西南航空则感觉是和同事们共同并肩作战，我真正体会到团队合作的力量。”这位西南航空主管说。

“是啊，单枪匹马确实难成大事！”朋友意味深长地说。

“一个凝聚力强的团队，所表现出来的生产力和竞争力是相当惊人的！在西南航空公司，班机从抵达目的地机场，打开登机门让旅客下飞机，卸下近百袋的邮包，再装上数量相当的邮包，为飞机加满 4500 磅油料，让新的一批旅客登机，更换全部的机组人员，至关上登机门再度准备起飞，完成这一换班归航全过程，只需要 15 分钟。而同样的工作流程，等量的工作负荷，在联合航空和大陆航空却需要 35 分钟。”西南航空主管自豪地说。

“是吗？同样的工作，所花费的时间却相差一倍还要多，那你们是怎么做到的？”朋友显然有些惊讶。

“要做到这些，其实很简单，只要四个字：‘团队合作’。在飞机抵达目的地机场后，飞行机组人员会全体出动，帮助旅客上下飞机、装卸邮包、清理飞机等，就连飞行员都会参与其中。大家之所以这么做都是为了同一个目的——在最短的时间内完成换班归航工作。”西南航空主管侃侃而谈。

“想必这就是西南航空实力所在吧？”朋友略有所思地问。

“是呀，‘团队合作’不仅是西南航空的实力，还是它的吸引力。西南航空凭着团队合作的精神，从一个仅有三架飞机的小公司，发展成为就载客量而言的世界第三大航空公司。这种团队合作精神还强有力地吸引着各种人才纷纷前来加入，让西南航空的实力更加强大。”西南航空主管肯定了朋友的观点。

“呵呵，你就是其中之一！”朋友打趣说。

两人畅怀而笑……

【提示】

美国西南航空公司的成功离不开全体员工顾全大局、合作共赢的团队精神。美国西南航空公司与其他航空公司的对比启示我们：工作中要自觉地顾全大局，重视团队合作，最大限度地团队合作才能产生最高的团队效率。重视团队合作，则共荣；对团队合作不重视的，则会共损。

1. 要自觉地顾全大局，不要把自己孤立于团队之外，否则就会举步维艰。只有融入团队，懂得合作，才能使自己的工作更加顺利。

2. 要顾全大局，不要搞个人英雄主义。团队总是自动排斥个人英雄主义，因此，进入团队就要收起个人主义，让自己被团队接纳。

3. 协助别人、为团队服务的同时，也是在借助团队的力量实现自我。所以，尽快融入团队，才能脱颖而出。

4. 只有每个人都顾全大局，才能实现最大限度的团队合作。

【反思与提升】

· 你是个喜欢独来独往、单独行动的人吗？工作中，你喜欢单枪匹马冲锋陷阵，还是自觉地顾全大局，与人合作？

· 你体会过单枪匹马做事时的势单力薄吗？你感受过团队合作的力量吗？哪种感觉更好？

· 你是个个性突出的人吗？在团队中有没有感觉到自己因个性突出而有些格格不入？有没有想过收敛一点会更利于团队合作？

遵守制度是职业的第一准则

“我们希尔顿酒店的一切应从‘方便顾客，让顾客满意’出发，全体酒店员工必须做到‘和气为贵，顾客至上’，为顾客提供‘最低的收费，最佳的服务’。这是全体员工的行为准则，也是我们酒店的制度。”希尔顿酒店的创始人康拉德·希尔顿经常这样谆谆告诫员工们。

康拉德·希尔顿是世界旅馆业大王。他是一个实业家，同时也是个乐天派。希尔顿国际酒店集团经营管理着403家酒店，包括261家希尔顿酒店，142家面向中端市场的“斯堪的克”酒店。除此之外，还与希尔顿酒店管理公司组成了全球营销联盟，在世界范围内双方旗下酒店总数超过了2700家，其中500多家酒店共同使用希尔顿的品牌。

在希尔顿酒店，纪律依靠全体员工的自律去落实。希尔顿国际酒店集团在全球80个国家和地区有71000多名雇员。要使如此庞大的员工队伍做事正确、行动有效、执行到位，就要用严明的纪律对全体员工的行为进行约束。纪律得不到遵守就会形同虚设，要让所有员工严格遵守制度，单靠管理是不够的，还需要员工的自律。

一次，一位顾客来到希尔顿酒店用餐。他由于心情不好而故意刁难希尔顿酒店的服务员。

当时希尔顿酒店的经理闻讯赶到，在一番劝导无效之后，开始显得不耐烦，态度变得十分生硬。

这下可惹恼了这位找茬的顾客，两人言语不和竟然争吵起来。

这次事件后，这位经理很快收到了辞退通知。

他心中不服，便来找希尔顿先生，问：“先生，请问我犯了什么大错，以至于要辞退我？”这位经理平日工作非常努力，工作能力也很强，有着丰富的管理经验。

“你违反了我们酒店的制度。”希尔顿严肃地说。

“我不过是跟顾客发生了小小的争执，就算有错，也不至于被辞退吧？再说了，那位顾客分明就是在故意找茬。”经理为自己争辩道。

“制度就是制度，任何人必须无条件严格遵守，何况你还是位经理，更应做到自律。身为一位经理，如果连自己都管不好，还怎么去管理下属？”

经理无话可说。

希尔顿先生停了一下，严厉地说：“你身为经理，不能自律，违反酒店制度，即使你工作再优秀，也不适合待在这里，你还是另谋高就吧。”

经理本是想说服希尔顿先生，希望他能改变主意，让他继续留在这里工作。不料希尔顿先生不给他留任何余地，他只得遗憾地离开。他怎么也想不到，自己会因为和顾客一次小小的争执而丢掉了自己多年努力得到的经理职位。

【提示】

制度不是抽象的文字，挂在嘴边就可以，而是要实实在在执行到位。工作中难免遇到各种各样的干扰与诱惑，稍不留神就可能违反制度，没有人会时刻提醒我们：“这是制度，不能违反！”因此，我们要时刻自己提醒自己，自觉自律，遵守制度。

如果说个人才华是奔腾的江水，那么自律便是导引江水向前的江岸，没有自律的约束，再出色的才华也只能“泛滥成灾”。如果我们在老板眼中，是个连自己都管不好的人，那我们是绝对不会得到重用的。

【反思与提升】

· 你是一个严守制度的人吗？如果是，你的心得是什么？如果不是，你有过教训吗？你的教训是什么？

· 你有没有因为懈怠、诱惑而违反过公司制度？如果有，你的教训是什么？

学会合作，单打独斗难以成事

“老师，为什么其他人都是A，只有我是B？！”1987年的圣诞节前夕，一个正在美国进修资讯管理硕士学位的留学生愤怒地质问自己的老师。当时，有一门课要求他们小组四个人到企业去参与编写系统方案，由于同组的另外三个是美国学生，他们对系统开发都没什么概念，所以他这位组长只好重责一肩挑起，几乎是独立完成了所有的工作。他编写的方案上交后，厂商及老师对他们的（其实是他一个人编写的）系统都相当满意。第二天，他满怀希望地跑去看成绩，结果竟然是一个B！更气人的是，另外三个美国学生拿的都是A！

“哦！那是因为你的组员认为你对这个小组没什么贡献！”老师回答道。

“老师，那个系统几乎是我一个人弄出来的！”

“哦！是啊！但他们都是这么说的，所以……”

“说起贡献，你知道我每次叫Bryan来开会，他都推三阻四，不愿意参与！”

“对呀！但是他说那是因为你每次开会都听不进他的意见，所以觉得没有必要再开什么会了！”

“那Jeff呢？他每次写的程序几乎都不能用，都亏我帮他改写！”

“是啊！就是这样让他觉得不被尊重，就越来越不喜欢参与，他认为你应该为这件事负主要责任！”

“那撇开这两个人不谈，Mimi呢？她除了晚上帮我们叫Pizza外，几乎什么都没做，为什么她也拿A？”

“Mimi 啊，Bryan 跟 Jeff 觉得她对于挽救小组陷于分崩离析有极大的贡献，所以得 A！”

“亲爱的老师！你该不是有种族歧视倾向吧？”

“哦！可怜的孩子，你会打篮球吗？”

“这关篮球什么事？”

“这么说吧，任何大学生，对于竞争大约都不会陌生。大考、小考，一路到高考，能够顺利进入大学的，大概都算得上竞争中的胜利者。但是不幸的是，高考的竞争像是打棒球，而不是像打篮球。

“你瞧，如果你当一个棒球手，球飞过来了，你只能靠自己去接住它，别的队员跑过来，不但帮不上忙，还可能因而妨碍了你接球。高考也是这样的一场个人秀，无论你的亲朋好友、老师同学有多么想帮你，你最后还是得自己一个人迈进考场，自己为自己的未来奋斗。

“但是出了高考大门，你会发现这类个人秀型的竞争是很少见的。不论你是工程师、经理人或是特殊教育的老师，你的成功都必须仰赖别人跟你的合作。就像一个篮球球员那样，任何得分都必须靠队员之间缜密的配合。好的篮球球员如迈克尔·乔丹，除了他精湛的球技之外，更重要的是他与队员间良好的默契，以及乐于与队员共同追求卓越的精神。”

时间过得好快，一转眼 10 年过去了。回顾学习的历程，他发觉在那天上午，他的老师给了他一份甚至比硕士学位更宝贵的圣诞礼物。

老师让他了解到他需要团队的合作才能达到目标。今天的他，每一工作中都自觉地尊重上级，自觉与同事、伙伴和他人合作。感谢他的老师，从那天开始他再也没有轻易地搞砸过自己的团队。

【提示】

在团队中做事情，就必须学会合作，单打独斗往往难以成事。即使将事情做成了，往往也得不到大家的认可。学会团队合作，学会与人合作做成事情，这比单打独斗重要得多。只有用真诚和爱心才能巩固起你的人际关系；只有团结他人，你的力量才会更强大。

【反思与提升】

- 你是一个喜欢单打独斗的人吗？如果是，你的教训是什么？如果不是，你的心得是什么？
- 你觉得自己在与他人合作方面应注意哪些？
- 如果你有过单打独斗的教训，你打算怎么纠正？

相信你的合作者

“艾森豪威尔的军衔仅仅是少将，我们的军衔都比他高，为什么他被任命为欧洲战区司令官，反居我们之上？”1942年，刚刚被任命为欧洲战区司令官的艾森豪威尔被派往伦敦。当时，许多部下对他不服气。在欧洲战区司令官这个职位下，有366名将军。而且盟军之中有美国人、英国人、加拿大人、法国人、荷兰人和比利时人，那么多国家组成的盟军，语言、传统、训练习惯、利益出发点都千差万别。中间派和支持者无不对艾森豪威尔的前途担忧。

艾森豪威尔一到伦敦，立即开始在美国军官内部进行团结合作的教育，要求他们与其他国家的军官友好相处，建立互信关系，尤其要注意与英国政治人物的联系，无视团队精神的军官将立即被遣送回美国，绝不手软。

这样一来，英国首相丘吉尔及其他军政要员都对艾森豪威尔评价很高。

在一次新闻发布会上，艾森豪威尔居然对记者们坦然公布了一次盟军进攻的目标！

“您不怕这些信息被泄露出去吗？”有记者忍不住问艾森豪威尔。

“当然担心，但是我相信我们的利益是一致的，相信各位的团队精神。所以，我不打算审查你们的新闻稿，就看你们彼此之间的监督和责任感了。”艾森豪威尔平静地回答。

记者们不禁赞叹折服，能够让他们彼此监督的方式真是又得人心又厉害的手段。

而事实上，那些军事信息并没有被泄露出去。

艾森豪威尔深知他不可能靠自己一个人搭台唱独角戏，所以他懂得将重要的利益方捆绑在一起共同演出，演出成功或失败与众人密不可分，因此自然人人积极参与来表现自己。

艾森豪威尔的手段是一种团队精神和领导艺术的绝佳结合，要知道盟军因为习惯和利益有分歧，往往最难管理，就看团队成员是否能够齐心协力、精诚合作。

日后的事实证明，艾森豪威尔做欧洲战区司令官非常成功，也成就了他日后从政最辉煌的政治资本。

【提示】

相信自己的合作者，会使彼此的合作更加真诚、默契。在美国西点军事校，训练有素的学员总是充分信任自己的伙伴，他们知道，只有信任才能保证团队最强大的战斗力。没有彼此间的信任就没有合作，没有合作就没有团队精神，没有团队精神就意味着这个利益共同体迟早要被淘汰。所以，要想成为一名成长在优秀团队中的优秀员工，首先要懂得信任你的合作伙伴。合作是需要不同的个体共同完成的，而且是需要默契的。如果个体间缺乏信任，就不会有默契，也就不可能合作成功。西点军校第一任校长乔纳森·威廉斯说：“对团队伙伴的信任是团队赖以生存的条件，没有这种条件，团队就会完全萎靡不振。”

【反思与提升】

· 在合作中，你能够勇敢地相信你的合作者吗？

· 你有过因怀疑他人而失去一次真诚合作的教训吗？如果有，你觉得当时自己应该如何做？现在应该如何补救？

· 你有过因相信他人而愉快完美合作的经历吗？你的心得是什么？巩固、提升你的经验。

尊重团队的每一个人

“你能够站在篮球世界的顶端！真是让人羡慕！”一天，队友与乔丹闲聊，忍不住赞叹道。

“类似的话我听到过许多次，每当听到这样的赞美，我都感到惶恐。”乔丹显得有些不安地说。

“这有什么好惶恐的，你的篮球技术本来就是无人能及的，以后怕也很难有人能超越你。你可是世界共认的‘篮球场上的飞人’。”队友说。

“我所取得的成绩都是和队友们一起努力的结果，所有的荣誉都是属于你们每一个人的，我只是代表大家一次次地领取奖杯而已。”乔丹解释说。迈克尔·杰弗里·乔丹出生于1963年2月17日，是美国NBA著名篮球运动员，也是NBA历史上第一位拥有“世纪运动员”称号的巨星，被称为“空中飞人”，是公认的全世界最棒的篮球运动员。他在篮球职业生涯中创造的纪录如刷屏般不胜枚举。他为联盟带来的收入不下百亿美元。乔丹是把NBA推广至全球每个角落的重要人物之一，成为除好莱坞以外又一无可阻挡的美国文化符号。对于这些荣誉，乔丹却从不以为那是自己球技超人的结果，而将其归功于整个球队的完美合作。

“你这话说得未免也太谦虚了，每场比赛中你都发挥着巨大的作用，你的得分总是遥遥领先，有时候甚至可以达到全队总分的一半还多。这不是你的功劳是什么？”队友不依不饶地说。

“你这样说就不对了，或许我的技能比你们好些，但是，如果没有整个球队的齐心协力、完美合作，我有再好的技能也难以发挥，更不可能取得那么好的成绩。我所取得的每一分都离不开大家的鼎力协助。所以说，团队合作比专业技能更重要。”乔丹认真地说。

“你说的好像也有道理！”队友笑着说。

“我说的都是事实，如果脱离了球队，单凭我个人的技能，有可能获得如今的荣誉吗？如果在比赛场上，队友都不跟我配合，我能得那么多分吗？”乔丹反问道。

【提示】

“飞人”乔丹能取得让全世界为之瞩目的成绩，除了自己专业技能过人外，更因为他时时处处注意尊重团队里的每一个人，以争取最大限度的团队合作。

在职场中也是如此，有一门精湛的技能固然好，但尊重团队里的每一个人，注重团队合作更加重要。没有人能够成为一个面面俱到的全才，出类拔萃的人不过是在某个方面比较优秀。

1. 在工作中要懂得尊重团队里的每一个人，谦虚谨慎，切不可傲气凌人。

2. 工作中，既要注意借鉴别人的长处，提升自己的专业技能，更要注意培养自己的团队合作能力。

【反思与提升】

· 你具备精湛的专业技能吗？你是否能做到尊重团队里的每一个人？你的团队合作能力强吗？

· 如果你不能做到尊重团队里的每一个人，你的教训是什么？你觉得自己今后应该怎么做？

· 你认为专业技能与团队合作能力，哪个更重要些？为什么？

· 在与同事共同完成一项工作任务时，你有没有指责过别人笨手笨脚？如果有，那么你觉得自己这样做是想要提高工作效率，还是在破坏整体团结？

· 在工作出现困难的情况下，你能够和自己的团队成员相互扶持吗？

与人为善，以诚相待

“彼得，今天业务做得顺利吗？”彼得刚办完一个业务回到公司，格林先生问道。格林是营销部老将，彼得是新来的营销员。

“非常顺利，格林先生！”彼得兴奋地说，“我花了很多时间向客户解释我们公司产品的性能，让他们了解到我们的产品是最适合他们使用的，并且在别家再也拿不到这么合理的报价了，因此很顺利就把公司的机器推销出去了一百台！”

“不错！”格林赞许地说，“但是，你完全了解客户的情况了吗？会不会出现反复的情况呢？你知道我们部的业绩是和推销的产品数量密切相关，如果他们再把货退回来，对于我们的士气打击会很大。你对于那家公司的情况真的完全调查清楚了吗？”

“调查清楚了呀！”彼得兴奋的表情消失了，取而代之的是失望的表情。“我是先在网上了解到他们需要供货的消息，又向朋友了解了他们公司的情况，然后才打电话到他们公司去联系的！”

“别激动嘛，彼得。”格林讪讪地说，“我只是出于对你的关心才多问几句的。”

“关心？”彼得不满道，“你是对我的业绩感到不舒服吧！”

在接下来的一周内，格林不再搭理彼得，平常也不和他打招呼，如果有事情和彼得说，只是简单地应付一下。

彼得感到很苦恼。

一天，彼得请汤姆一起到一个快餐店，彼得请客，开始请教汤姆。

“最近我感到很苦闷，我知道我得罪格林了。”彼得说。

“哦，怎么会呢？你们相处没有多长时间。”汤姆笑眯眯地看着彼得。

彼得挠挠头说：“可能是格林对我有成见了，我惹他生气了，他现在都不理我了。”

“上次的事，我也听说了，你们当时好像搞得很僵。我觉得没有必要。工作就是工作嘛，哪来那么多想法，更不能有情绪呀。”汤姆还是微笑着。

彼得委屈地说：“我最后带着情绪，这是我不对，但他问得那么细，就是让人不舒服，还说万一这个单子反复，当时我就生气了。”

“格林说得有没有错呢？”汤姆说。

彼得说：“其实也有这种可能，但我感觉他对我不怀好意。”

汤姆笑着抬起头说：“他为什么要关爱你？你凭什么被别人关爱？他关爱你，谁关爱他？你有没有站在他的角度想想？”

彼得低头沉思……

彼得点点头：“你说得有道理，他是老将，关爱新职员很正常。”

“同事之间，关键是要相互关爱，争取到对方的信任，这样才能互帮互助。我刚来时也和你一样，每次他都问得很仔细，他给了我许多建议，还主动帮助我签了不少单子。对于他的事情，我也是极力帮助，我们的关系处得很好。我看是你的思维方式有问题。”

彼得豁然开朗，他诚恳地说：“那我应该怎么做？我现在一点头绪都没有，头发懵。”

汤姆吃了一口饭，慢慢咀嚼完说：“只要你本着一颗爱心，本着诚心，这问题很好解决。”

彼得顿时觉得茅塞顿开：

一、自己僵化的竞争思维把一切同事都列为竞争者，而不是合作者。其实，同事之间更多的时候还是应该相互关爱，相互合作。

二、只有先付出爱，才能得到爱。

彼得终于悟出了互爱的原理：只有先付出爱，才能得到爱。

【提示】

有时，我们会用僵化的竞争思维把一切同事和合作伙伴都列为竞争者，而不是将他们视为竞争中的合作者。如果我们转换思维方式：改变僵化的竞争思维方式，用相互信任的思维方式来看待一切，我们会得到截然不同的观点，他们是完全可以信赖的合作者。你视对方为竞争者，对方就成了竞争者；你视对方为合作者，对方可能就变成了合作者。只有与人为善，以诚相待，才能最大限度的将同事和合作伙伴都争取为合作者。

【反思与提升】

· 工作中你习惯与人与善，还是喜欢用竞争式的思维看待所有人？

· 如果你习惯与人为善，你的收益是什么？

· 如果你习惯用竞争式的思维看待所有同事，你有过教训吗？你的教训是什么？你觉得自己今后应该怎么做？

互相弥补，积极配合

“组建公司的目的是创造理想的工作场所，自由、充满活力与快乐，在这里，富于献身精神的工程师们将能使自己的技能、技巧得到最大限度的实现。”1946 年 1 月，井深大的目光穿过噩梦般的战后废墟，把自己的梦想记录在一个长达 10 页、被称为“创业计划书”的文件上。计划书中的这句话后来成为索尼文化的精髓。

盛田昭夫受到了感召。

经过 3 个月的聊天，两个人决定合作。井深大强烈的、不安分的想象力与盛田实际的洞察力从此有机地结合在一起，废墟上的梦想终于有了雏形。

1946 年 5 月 7 日，井深大的公司正式成立了，起初的 19 万日元（合 6 万美元）出自盛田的父亲。后来，索尼公司数度财政困难，盛田的父亲数度解囊，每次都获得股票，盛田家族曾一度拥有 17% 的索尼股份。

井深大有着成人少有的天真与纯粹。他极为专一，不会妥协，拒绝接受焦点以外的任何东西，在技术上固执己见，性情古怪。

然而，在公司经营管理上，井深大则依赖盛田昭夫。就是后来干不动技术了，他去专心写诸如《幼儿园太晚》等畅销书，也不干涉盛田昭夫的经营。在公司的重大问题上，井深坚定地站在盛田昭夫一边。

而盛田昭夫则更多地以井深大为支柱和精神上的依归。盛田昭夫有任何想法，都与井深大交流。在井深大那里获得验证，是他面对外部世界的力量来源。

这是何等的智慧！井深大因为将公司的经营管理完全交托于盛田昭夫，而获得了专注于技术焦点的时空；盛田昭夫则因为以井深大为精神上的依归，而获得全力开拓外部疆野的力量源泉。

当然，性格迥异的两个人，不可能在什么事情上都保持一致。井深大与盛田昭夫关系的不和谐第一次也是最后一次公开暴露出来，是在“单枪三束彩色显像管”的研制过程中。

索尼的彩色显像管是它最有价值的资产之一。然而，单枪三束彩管的诞生在索尼却有着痛苦的经历。从1961年就开始，在长达7年多的研究开发中，索尼承受了巨大的亏损。

盛田昭夫非常迫切地要减少亏损。盛田昭夫领导的财务人员深入到技术队伍中，四处寻找不经济和荒唐的事实。

而井深大却不关心技术焦点以外的问题，坚持技术研究的需要而丝毫不让步。

井深大与盛田昭夫之间的紧张状态显而易见地扩散着……

如果带来巨额亏损的人是自己的父亲或兄弟，盛田昭夫都会毫不犹豫地叫停。而面对井深大，一种莫名的信任和尊重左右了盛田昭夫，他仍然动用广泛的社会关系筹措到索尼第一笔开发贷款：200万美元。

井深大知道盛田昭夫肩膀上的分量，对技术上每一个小的进展都拉盛田昭夫一起来分享。为了早日进入市场，井深大对他的技术队伍采取了专横却很有效的手段：提前在记者会上公布，显像管将于1968年10月1日投放市场。对怀疑犹豫者，果断剔除出突击队。

当首批显像管从装配线上下来时，井深大对研究组深深地鞠了一躬。

暮年的井深大回忆，他在索尼最值得骄傲的事情，就是单枪三束彩色显像管的诞生。井深大不只是对自己团队的创造物而骄傲，同样也为在危机中他与盛田昭夫紧张关系中的信赖而陶醉。

1992年，井深大与盛田昭夫先后中风，两个人不能有太多的交流，但依然用简单的话语和手势，相互鼓励。

当晚年的盛田昭夫定居在夏威夷时，井深大就在电话上喊："盛田！盛田！坚持住！"

盛田昭夫的夫人每次回日本第一个落脚点不是自己的家，而是井深大的身旁。

1997 年 12 月，井深大去世，终年 89 岁。

中风的盛田昭夫的悲痛无以言表，喘着气"啊"了一声，眼泪夺眶而出。他低着头，喘息着，啜泣着……

盛田昭夫的夫人代表盛田昭夫在追悼会上宣读了对井深大的悼词："井深君，请接受我对你衷心的谢意，感谢你给了我如此愉快的一生！我从心底里感激你！"

【提示】

井深大不愧为日本杰出的商业领袖，他能够充分尊重并利用人之间的差异，实现最完美的合作。盛田昭夫则运用家庭的财富和自己的管理能力，尽力去实现井深大的梦想。两个人互相弥补，积极配合，最终做成了他们共同的辉煌事业。

我们的周围总是存在着形形色色的人，各种各样的背景，各种各样的性格，各种不同的生活经验，我们应尊重个体的差异和不同。一个有影响力的智慧人士总是能包含不同个性，互相弥补，积极配合，实现完美的合作。

【反思与提升】

· 工作中你能做到与他人互相弥补，积极配合吗？

· 如果能，你的心得是什么？

· 如果做得不够好，你的教训是什么？

· 在与他人互补配合方面，你打算如何提升自己的合作能力？

是非原则　讲究艺术

“我已经接受了伊利诺伊州国际矿产化工公司的聘请，很快就不再是通用的员工。”杰克·韦尔奇告诉部门负责人鲁本·古托夫。

“能告诉我你为什么执意要离开通用吗？是对薪水或职位有什么不满吗？”鲁本·古托夫十分真诚地问。

“我是公司一名普通的工程师，而且进公司不足一年，拿这样的年薪也不算低，按理说我应该知足了。但是公司平均主义式的加薪制度我很难接受，让我同那些无所作为的人得到同样的加薪，这让我感到是种屈辱；而且公司的官僚主义太严重，让我感到窒息。”杰克·韦尔奇说。

“你来公司的时间虽不足一年，但你所表现出来的才能和取得的成绩是大家有目共睹的，相信长期发展下去，你一定能在通用有一番大的作为。现在为了一点个人的感受，放弃大好的前程，岂非太可惜？”鲁本·古托夫劝道。

“在一个我不喜欢的氛围中工作，即使我有才华，怕也难以施展！”杰克·韦尔奇一脸无奈地说。

……

1960年，25岁的杰克·韦尔奇加入通用电气（GE）塑胶事业部，他过人的才能很快展露，并做出了一定的成绩。领导对他十分赏识，觉得他一定能成为通用的一员大将。不料，工作不足一年，他便萌发了辞职的念头。

他的部门负责人鲁本·古托夫得知这一消息后，十分震惊，心想：“杰克·韦尔奇年纪轻轻，就能有如此强的工作能力，实在是个难得的人才，我一定要不惜一切代价留住他。”

于是，在杰克·韦尔奇告别宴会的前一天，鲁本·古托夫邀请他共进晚餐，两人进行了长达四个小时的谈话。

“只要你愿意留下，我单独给你每月涨2000美元的工资，并利用公司的资源给你营造一个小公司的工作环境，保证你不再受任何官僚作风的纠缠。”鲁本·古托夫设法竭力挽留。

“你这种设想是很好的，只怕维持不了多长时间。”杰克·韦尔奇依然平静地说。

“请你相信，只要我在公司一天，大公司最差的一部分将远离你，你只需利用最好的部分进行工作就可以了。”鲁本·古托夫向杰克·韦尔奇作出承诺。

“这样的话，你可要经受考验啦。”杰克·韦尔奇听后，笑笑说。

“现在对我来说，把你留下才是最重要的，至于考验，我非常乐意接受。”鲁本·古托夫看杰克·韦尔奇已经有所心动，也笑着说。

在鲁本·古托夫的极力劝阻、再三保证下，杰克·韦尔奇终于打消了辞职的念头，继续留在公司上班。

杰克·韦尔奇拥有了自己想要的环境后，毫不保留地释放出自己的能量，推动公司稳步发展，同时也创造了自己辉煌的事业。

1971年底，杰克·韦尔奇成为通用电气公司化学与冶金事业部总经理。

1979年8月，杰克·韦尔奇成为通用电气公司副董事长。

1981年4月，杰克·韦尔奇成为通用电气公司董事长和首席执行官，当时他年仅45岁。

20年的时间，杰克·韦尔奇由一名普通工程师成为美国通用电气公司总裁，并成为20世纪风头最劲的企业家之一，被誉为“世界第一

CEO”，被全球经理人奉为“CEO 的圣经”。与此同时，他也把通用电气集团带入了辉煌，使其发展成全世界最有实力的公司之一。

鲁本·古托夫在多年之后回忆说：“我今生最成功的推销行为就是为公司留住了韦尔奇。因为留住了韦尔奇，才留住了通用电气今天的辉煌。”

【提示】

鲁本·古托夫具有伯乐的非凡眼光，为了坚守维护公司利益的大原则，为了公司的发展，为了公司的前途，他以特殊的待遇和真诚的劝说，艺术地留住了杰克·韦尔奇。杰克·韦尔奇也没有固执下去，他接受了鲁本·古托夫的意见，留了下来，让自己的才华在通用公司得以充分施展，既推动了通用的发展，也成就了自己的事业。

1. 要自觉维护公司利益这个大原则，凡与这个大原则不符的，都可以改变；

2. 多劳多得，才能更好地将优秀员工的个人利益与公司利益统一起来；

3. 说服他人要讲究艺术，工作方法也要讲究艺术；

4. 当你需要同事协助完成某项工作时，不妨先帮他完成他的手头工作，再请他协助自己完成工作；

5. 互惠互利能打造长久牢固的人际关系。懂得利人利己的人，把工作看作合作的舞台，双方互相学习、互相影响及共谋其利，最终达到共同发展。

【反思与提升】

· 你能自觉维护公司利益这个大原则吗？
· 为了维护公司利益这个大原则，你敢于改变现状吗？
· 为了达到目标，你懂得变通的艺术吗？
· 如果你是一个比较死板的人，你觉得自己应该如何改变？

不要孤立于群体之外

西点军校原名美国军事学院，创建于 1802 年 3 月 16 日，是美国第一所军事学校，几乎和美国同龄。它曾与英国桑赫斯特皇家军事学院、俄罗斯伏龙芝军事学院、法国圣西尔军事专科学校，并称世界“四大军校”。

因为学校位于纽约市北郊的哈得逊河上的“肘状”的三角岩石坡地上，该地被当地人称为“西点”，故该校习惯上被称为“西点军校”。

西点军校主要为美国军队培养陆军初级军官，学生从西点军校毕业后获得理学学士、陆军少尉军衔。毕业生必须在军队中服役至少 3 年。

西点军校在两百多年的历程中，为美国培养出众多军事家、政治家、科学家、企业家及教育家。如此辉煌的成绩与其严明的管理体制分不开，其中，团队精神是西点军校的必修之课。在西点军校团队精神高于一切，个人必须要服从团队。

一天晚上，学员们拖着训练了一天的疲惫身体回到宿舍，洗漱后上床睡觉。

熄灯还不到 20 分钟，窗外突然传来紧急集合的哨音。大家闻声迅速坐起来，手忙脚乱地穿戴衣帽。

其中一名学员动作敏捷，很快穿戴整齐，第一个来到教练面前。

教练围着他上下打量了一下，见他衣服穿得整整齐齐、皮鞋擦得很亮，什么都没说，静候其他学员的到来。

等全体学员集合完毕，教练二话不说，直接让第一个到集合地点的学员绕操场跑两圈作为处罚。

“知道为什么处罚你吗？”学员跑完两圈回到教练面前后，教练问道。

“不知道！”学员心中本就不服，刻意把声音喊得很大。

“紧急集合哨吹响后，你第一个来到集合地，而且仪容整齐无可挑剔，看似表现出色，实际则犯了军中大忌！有没有谁知道他错在哪里？”教练当着全体学员的面，开始训导，并发出提问。

学员听到这里，都是一头雾水，没人能够回答教练的问题。他们怎么也想不出：在一向讲求速度的军队中，速度第一的人能有什么错。

“在军队中，团队精神永远都是至高无上的，个人必须服从团队。你一个人那么早跑来，把其他队员全都丢下，你说这是不是团队精神的缺失？”教练非常严厉地问。

第一个到集合地的学员这时才明白过来，他羞愧地低下了头。

“加强自身的团队意识，是西点学员的必修课，你们要时刻牢记，你不是一个人，而是团队的一员，你的一切行动都要服从于团队目标，任何情况下都不能弃团队、弃同伴不顾！都记住了吗？”教练对全体学员大声喊道。

“记住了！”全体学员目光坚毅，掷地有声地齐声答道。

【提示】

第一个跑到集合地点的学员因孤立于群体之外却要遭受处罚，可见团队精神在西点军校的重要性。团队的利益至上，加强团队意识，是西点军校每位学员的必修课，也应是企业中每位员工的必修课。企业虽不像军队那样纪律森严，但企业也应是一个团队，只要是团队的一员，就应牢记团队的利益至上，自己的一切言行都要自觉地服从团队利益。

1. 平时要注意培养自己的团队精神，不要孤立于群体之外，树立团队利益重于一切的意识，自觉把个人利益和团队利益统一、结合起来。

2. 培养团队精神，不仅要和自己部门的同事很好地合作，还要和其他部门的同事加强团结。如果每个部门各自为政，遇到问题就会相互推诿，从而造成企业内部矛盾，阻碍企业发展。

3. 作为员工，要时刻记得自己是企业链条中的一环，只有环环相扣，企业才能飞速发展，个人的价值才能得以体现。谁若脱节而出，谁就将停滞不前，影响整个企业的正常运转。

4. 团队精神不仅指能够与同事共同合作完成工作任务，还包括能够与同事分担责任、共享胜利成果。

【反思与提升】

· 你喜欢孤立于群体之外行事吗？如果是，你的教训是什么？如果不是，你的心得是什么？

· 在个人利益和团队利益发生冲突时，你会自觉将团队利益放在第一位吗？如果能，你的理由是什么？如果不能，你有过教训吗？你的教训是什么？

· 如果你是团队中功劳最大的一个，在取得一定的成果后，你会独占功劳吗？

第 7 靠
seventh

学习：从平凡到优秀的跨越

只有不断学习，才能摆脱平庸，获得竞争优势，臻于优秀。只有不断学习，才能够改变自己的命运。要随时用知识充实自己，坚持学习，每天进步一点点，在不断的尝试中，吸取教训，完善自我。要时时保持低调，向领先者学习，与他人取长补短，认真对待批评和建议，在不断的自省中，不断地自我更新，自我提升。

学习能够改变命运

中学时，李阳曾因学习成绩不好而对学习失去信心，几次想过退学。

不过，他觉得除了努力学习也没有别的办法，只好坚持了下来。

1986 年，李阳勉强考入兰州大学工程力学系。

升入大学后，李阳的生活并没有什么变化。

在第一学期的期末考试中，李阳的学习成绩名列全年级倒数第一名！英语连续两个学期考试不及格！到了大学二年级上学期即将结束的时候，李阳已经有 13 门功课不及格了！

面对这样差的学习成绩，李阳很恼火，他发誓：

“不能再这样下去了，必须让自己赶上去，从灰色的生活中突围！”

当时，社会上正在兴起一股学习英语的热潮。“英语将是未来社会不可缺少的工具，我应该以学习英语作为突破口。我一定要努力学习，通过将在四个月后举行的国家英语四级考试。”就这样李阳更加坚定了学好英语的决心。

李阳怕自己坚持不下来，就找到了班里英语学得最好的同学。这个同学是一个学习非常刻苦的学生，李阳认为，通过互相督促可以把英语学好。

可坚持了三天后，李阳又不想学了。

那个同学对他说：“李阳，你要记住你三天前说的话！”

对呀，李阳三天前还发誓要考过四级呢！

听了同学的提醒，李阳真的不好意思了。

为防自己半途而废，李阳当即与他约定一起学习英语。此后，他们每天中午一起去兰州大学的烈士亭，顶着凛冽的寒风，扯着嗓子喊英语句子。

李阳发现，在大声朗读时精神会变得特别集中。

十几天后，李阳来到英语角，用英语与同学们谈话时，他们都惊奇地说：“李阳，你的英语听起来好多了。”

听到这句鼓励，李阳似乎从睡梦中惊醒过来：对呀，这种“大喊大叫”，也许正是学习英语的一种好办法！

以后，李阳正式开始了这种“大喊大叫”式的学习。从1987年冬到1988年春，在四个月的时间里，李阳复述了十多本英文原版书，背熟了大量四级考题。每天，李阳的口袋里装满了抄着各种英语句子的纸条，不管在宿舍、教室还是食堂，有空就掏出来念叨。

四个月后，李阳的舌头不再僵硬了，听力也好多了，反应速度也提高了。在当年的英语四级考试中，李阳只用50分钟，就答完了试卷，成绩高踞全校第二名！

一个考试总不及格的学生，突然变成了一个英语高手，实在太神奇了！李阳通过英语四级考试的消息，很快就轰动了整个兰州大学！

李阳突破性的成功，让他对英语更加热爱，更加热衷于追寻学习英语的新方法。

他用自己独创的方法将考试题变成朗朗上口的句子，然后脱口而出，记忆起来非常容易。另外，他还独创了一种同声翻译的方法，可以在别人讲话的同时，很快将其讲话内容翻译成英语，只比讲话者的速度落后一两句。

他的这些学习英语的方法，慢慢得到同学们的承认和喜欢，很快便被班里同学普遍采用。原本一看见英语就头疼，一上英语课就睡觉的同学也对英语产生了浓厚的兴趣。在李阳的带动下，班里一时之间掀起了学习英语的热浪。

李阳一直保持着学习英语和寻找英语学习法的高度热情，他的英语水平也在不断提高。

在此基础上，他摸索总结出一套独特的英语学习法，即“疯狂英语”。这是一套集“听、说、读、写、译”于一体的英语学习法。它可以让非英语专业的人在发音、口语、听力和口译上很快取得显著成效。

大学四年级的时候，李阳开始广泛地参与大量的国内和国际场合的口译。

李阳将学习英语和自觉演讲、表演、宣传自我融为了一体。

1989 年，李阳公开发表演讲，介绍他自创的“疯狂英语”学习法。他激情昂扬的演讲感染了在场的听众，现场气氛十分活跃，听众情绪十分高涨。他的演讲获得了成功。

随后，各大、中学纷纷邀请他到学校去传授“疯狂英语”。

越来越多的人接受和使用李阳的这套学习方法，运用这套方法的大、中学生更是创造了英语成绩大幅提高的奇迹。

1990 年，他大学毕业后被分配到西安西北电子设备研究所工作，每天清晨都会在楼顶大喊英语。同事什么时候见到他，他都是精力充沛的样子，不知不觉中同事也被他感染，工作的热情也都跟着高涨起来。

1992 年，李阳来到广州，从 1000 多名竞争者中脱颖而出，考入广东人民广播电台英文台做播音员。工作后，他才发现入选的播音员中，别人都是北外、广外的研究生，只有自己是非英语专业出身的本科生。李阳参与筹办了这个中国第一家省级英语电台，并担任新闻播音员“TALKSHOW”（脱口秀）节目主持人，同时主持广州电视台的英语新闻节目。李阳的每个细胞都散发着激情，他感染着每一个与他接触的人。来到新的环境，他对工作的热情感染了这里的同事，他主持节目时的激情通过无线电播感染着千千万万电视机前的观众。很快，他便成为广州地区最受欢迎的英语播音员之一。

1993 年，美国众议院外交委员会首席顾问——理查德 · 布什来到广州发表演讲，李阳作为美国领事馆的特邀翻译，得到了布什先生的称赞。

李阳在荣誉面前并没有停止不前，他想到了上亿的中国人因“聋哑英语”而苦恼，为向更多的人推广自己的学习英语成功经验，1994 年，李阳毅然辞去了广东人民广播电台英文台播音员的工作，组建了“李阳国际英语推广工作室”，创办了“李阳 · 克立兹文化传播公司”，他把自己的学习方法编成教材、录制磁带发行。

1994–2006 年，李阳直接向全国三千多万人传授了李阳“疯狂英语”快速突破法。

2000–2005 年，应韩、日政府及民间团体邀请，李阳多次赴韩国、日本进行“疯狂英语”讲学，并赴美进行“疯狂中文”讲学。

1994 年起，李阳共出版英语口语图书及音像制品数百本（套），畅销近 20 年。

【提示】

学习改变了李阳这个”差生“的命运。李阳从来没有停止过学习，从来没有停止过进步。这位 1969 年出生于江苏省武进市奔牛镇（现为常州市武进区奔牛镇）的”差生“，最终成长为“疯狂英语”的创始人、全球著名英语口语教育专家、英语成功学励志导师。

李阳的成功经历告诉我们：面对平庸，别无选择，我们只能通过学习来改变自己的命运。在这个多变的世界上，如果不保持敏锐的学习能力，将陷入困境和麻烦之中。学习不一定非要用证书来证明，尽管证书有时也很重要，但更多的时候，工作将证明学习的重要和你学习的效果！

1. 相信学习能够改变命运，并付出足够的努力。

2. 学习必须讲究方法。李阳正是靠他独特的学习方法开创了“疯狂英语”。

3. 抱着学习的心态面对工作，这样我们就能应付工作中层出不穷的挑战。

4. 定期阅读工作方面的书报杂志。

5. 记录工作心得和经验并撰写论文。

【反思与提升】

· 你的命运是否因学习而改变？你相信学习能够改变命运吗？

· 仔细观察单位里的业余骨干和中上层管理者、领导者，他们有什么共同特点？

· 你有通过学习改变命运的打算吗？如果有，你打算如何做？

不断学习，保持竞争优势

“你成功的秘诀是什么？”

“善于学习是我制胜的法宝。”系山英太郎回答。他奉行“终生学习”的信念，“至死都不要被时代淘汰”。遇到不懂的问题，他就想方设法寻求答案，绝不会让问题搁浅。

1942年6月4日，系山英太郎出生于东京。他白手起家，被誉为“日本巴菲特”，经营着18家公司，是唯一连续10年登上《福布斯》“全球亿万富翁排行榜”的日本人，也是日本政商界呼风唤雨的显赫人物，一个在日本泡沫经济和全球经济不景气中仍然保持财富增值的“魔法资本家”。

通过销售汽车，他掌握了销售的技巧。他曾经创下日本进口车销售纪录！

通过学习金融知识，他学会了利用银行和股市达到“一石三鸟”的赚钱招数，让大量的金钱流入自己的腰包！

从20岁到30岁的10年中，他已拥有几十亿日元的资产！

即使不再年轻，他依然要跟着时代的步伐，不甘落伍；

他学习电脑，并成立了自己的网络公司；

他关心时事并在网上发表个人见解。

即使到了老年，他依然不断涉足未知领域，勇于挑战新事物。

【提示】

在竞争激烈的现代社会中，系山英太郎凭着“终生学习”的信念，让自己始终站在了时代的潮头上。现在是信息爆炸的时代，无论知识还是技术都日新月异，只有通过不断学习，才能跟上时代，不被淘汰。

“不积跬步，无以至千里”。不断学习，养成终生学习的习惯，是不断自我更新，自我提升，自我完善的前提。

作为一名普通的员工，只有脚踏实地，通过不断学习来逐渐提升自己、完善自己，才能在职场竞争中保持优势，才有可能伴随企业在市场竞争中保持优势。

【反思与提升】

· 与同事相比，你在职场竞争中处于优势还是劣势？

· 如果你在职场竞争中处于优势，你的心得是什么？如何继续提升自己？

· 如果你在职场竞争中处于劣势，你觉得自己还需要学习哪方面的知识、技能？

随时用知识充实自己

1728年10月27日，詹姆斯·库克出生在英国约克郡克利夫兰地区马尔顿的一个村庄。

他的父亲是一位苏格兰农业工人，母亲是个俭朴的约克郡村妇。库克一家在詹姆斯出生两年之后搬到了附近的城镇大艾顿。父亲受雇于一家农场，他的童年生活就是在那里度过的。詹姆斯在他父亲工作的农场上嬉戏玩耍，并在稍大时参加劳动。

詹姆斯在年少时就聪颖异常，当地一位有钱的妇女玛丽·沃尔克在教他读书时就看到了这一点。

不久，他的潜力也引起了他父亲的雇主的注意。后来，这位雇主出钱，让詹姆斯到本村只有一间房屋的学校里读书。

不过，詹姆斯·库克在那所学校学习的时间并不长。大约15岁时，他被父亲带到一个名叫斯泰兹的小海港，给一间杂货店的老板和缝纫用品商威廉·桑德森当学徒。

后来，为了到大海航行的实践中学习，他请求桑德森放他走，直到桑德森点头同意。兴奋的库克立即动身，来到了12英里外的大海港惠特比，并在1746年7月成为贵格教徒、运煤船船长亨利和约翰·沃尔克两兄弟的一名学徒。在此后9年的大部分时间里，库克相继在几艘往来于纽卡斯尔、伦敦、挪威和波罗的海沿岸港口的运煤船上做事。

不在海上奔波时，他就住在他的一位上司家中，在那里继续自学，阅读他所能找到的任何书籍（他喜欢数学和天文学）。

沃尔克兄弟对这位严肃的年轻人产生了很深的印象，因为他总是如饥似渴地学习，迅速地掌握知识。库克对航海有与生俱来的悟性。在碰到使英国东岸近海航行危若累卵的风暴、浓雾、暗礁和变幻莫测的潮水时，他从不紧张。他在商船上由水手做起，最后升任大副。

1755 年，沃尔克兄弟提出让库克到他们的一艘运煤船上当船长，这个位置无疑是他应该得到的。

但是，库克却谢绝了这一提议。在浓雾弥漫和风雪肆虐的北海上运煤，他早已感到厌倦。他渴望到从未去过的海面上航行，驶向新的海岸。

因此，库克没有在沃尔克兄弟的船上担任船长，而是进入皇家海军，当了一名下级水手。

然而，皇家海军一名普通水手的生活却是艰苦的，其艰苦程度实际上已到了海军不得不经常以强征兵员来充实队伍的地步——一些走南闯北的人或失业者被海岸巡逻队抓住，强行送到皇家海军的舰船上，这里面的许多人要么是酒鬼，要么是卑鄙的罪犯。一个英军水手随后所要面对的将是以苦役、丧失权利、战争、风吹日晒和疾病为标志的严酷生活。而且，二等水兵的军阶离沃尔克兄弟许给库克的船长职位相差甚远，待遇也相差甚远。

一开始，库克在皇家海军不过只有二等水兵的军阶，不到一个月，库克的才干给“老鹰”号战舰的船长留下了很深的印象，他就被提升为该舰的大副。这之后，库克在皇家海军中平步青云，擢升迅速，再也无须到甲板下拥挤不堪、有损健康的船员底舱居住了。

不久之后，他又受命指挥一艘快艇，在封锁行动中为较大的舰只提供后援。“老鹰”号战舰俘获法军“海神”号战舰后，此时已担任水手长的库克便被派任领航员，将这艘法国军舰开回英国。

英军封锁法军航道的行动，终于导致两大强国在 1756 年爆发了一场战争，在欧洲称作七年战争。

在此期间，库克继续在海上积累经验，并担负新的职责。在与法军再次发生海上冲突并赢得胜利后，库克又被提升为副船长。副船长的主要职责是确保舰船适于航行，管理船员和指挥航行。他的职责还包括测量水深和方位，在航海日志上记录有关信息。

1758年，库克被提升为“彭布罗克”号副船长，这艘军舰重1250吨，配备了64名炮手。

1760年，魁北克和蒙特利尔落入英军之手，已担任“诺森伯兰”号副船长的库克也完成了圣劳伦斯河的勘查工作，开始绘制新斯科舍海岸图。

一位伦敦的雕版印刷商同意出版库克的海图和地图。在随后的一个多世纪里，这些权威的地理勘测成果一直为人们所使用。

1763年，英法签署《巴黎和约》，这场战争结束了。不列颠帝国最终取得了北美洲的霸主地位。

此时，库克已经牢固地确立了他作为技艺高超的航海家和勘测家的名声。他还设法继续学习，并且掌握了数学、天文学和航海方面的大量知识。

詹姆斯·库克已成长为海船船长的理想偶像。

他的名声在皇家海军、英国和欧洲大陆不断传扬。学术界以及军界的主要人物都满意地注意到库克的地图和海图的质量和精确性。

1768年春天的一个下午，已习惯生活于动荡的海洋和蛮荒异域的詹姆斯·库克船长，突然置身于金碧辉煌的国务大臣桑德韦奇伯爵的官邸，感到很不自在。

正当库克捉摸这位国务大臣召见自己的用意之时，突然听到传他进见，就忙走进去。见一位50来岁的贵族，端坐在办公桌后面，摆手示意要他坐下，随即开口说道：

“我想，你大概已经知道，那些皇家学会的学究们对明年将要发生的金星凌日现象充满兴趣。他们到处造舆论，又是募捐，又是打报告给陛下，非要派船到太平洋上的塔希提岛去测量这场几百年一遇的奇迹不可，说是对推算太阳到地球的距离能提供重要的数据——倒好像地球上的事儿还不够陛下和我操心似的。”

他目光锐利地瞥了库克一眼之后，放慢了语调：“这样的大事，自然只有海军才能担当。可笑的是，学会竟然异想天开，要挑选一名平民来指挥这个远征考察队。海军当然不答应。可是海军提出来的军官，学会又通不过，事情就闹到我这儿来啦。我想起有次在皇家学报上看到过你那篇关于在纽芬兰沿岸一个小岛上测量日食的大作。我知道，人们已经把你称为皇家海军最优秀的测量学家。所以，就提名派你去指挥这个科学考察队。海军和学会双方都通过了，我想你是不至于反对的吧！”

库克不但是一个出色的水手、船长、航海家，而且精通天文学和测绘学，这使得他有机会成为大家都能够接受的重要人选。

突然接到这个意外的重任，库克不禁又惊又喜，自然谈不上什么反对。相反，他的心中不由得对这个名声不佳的大臣产生了一种知己之感。但他生来不善于辞令，所以只说了声：“感谢您的信任。”

听到他的答复，桑德韦奇抬了抬下巴，表示满意。

“我明白，作为一名船长，你所关心的是通过这次测量，对天文航海会有什么好处。当然，你也应当知道，在我的地位上，关心的是什么。那就是，大英帝国需要更多的土地！我们要建立一个太阳永远不落的全球帝国，就必须到地球各处去寻找新的土地。可惜的是，新旧大陆有许多地盘都叫西班牙人、葡萄牙人、荷兰人和法国人占去了。我们刚刚为了印度和加拿大与法国打了七年战争，必要时我们将再次用武力解决。但是同时，也不要放过广阔的太平洋，那里还有许多未知的领域，特别是那个神秘的‘南方大陆’，到底只是一个古老的神话，还是确有其地？这是我的前任和我念念不忘的一个问题。近百年来，不时有人报告说他们已经发现了南方大陆，却都没有可信的详情。要是你能确实地找到南半球这片未知的大陆”，伯爵瞪着眼睛，看定了库克，一字一顿地说，“并且插上了英国国旗，那你就是对陛下和我作了最好的报答啦！”

面前这位睿智的、充满进取精神的国务大臣的心里话，使库克感到茅塞顿开。定了定神，库克提出了几个问题：

“尊敬的伯爵，如果我没有理解错的话，这次航行的重点，是在塔希提观测以后的地理考察？”

国务大臣桑德韦奇伯爵满意地点了点头。

“观测之后，我需要从塔希提岛一直向南走，去寻找南方大陆？”

桑德韦奇伯爵再一次表示肯定。

1768年，库克受命担任英国皇家海军太平洋考察队队长。在其后的10年间，他带领考察队进行了3次史诗般的航行。为揭开地球上最大水域的地理秘密，他的足迹遍于未知的太平洋。库克访问过塔希提、澳大利亚、新西兰、马克萨斯群岛、夏威夷、复活节岛和威廉王子湾等地，并为这些地方绘制了地图。狂风暴雨、惊涛骇浪、冰山、珊瑚礁、热沼酷暑和南极严寒等艰难险阻，不断地向他袭来，直到他1779年死于夏威夷岛民手中。

【提示】!

南极洲发现者——库克船长被人们称为“水手中的水手”。10多岁时就随船出海，1755年加入英国皇家海军，此后成为一名航海家和制图专家。在探险史上，还没有哪个人可与他的成就相媲美，世界地图将永远带着他的印记。詹姆斯·库克能从学徒成长为声望卓著的勘测家、航海家和探险家，最重要的原因在于他能够在工作的间隙坚持随时随地学习。

【反思与提升】

· 你是否认为参加工作后太长就不需要学习了？

· 你是否认为在学历考试和职称考试之外就不需要学习了？

· 你认为对工作最有意义、最重要的学习是什么？

· 你能否不断地根据时代和工作的需要，随时随地学习新知识？

坚持学习，每天进步一点点

徐特立43岁时才开始学法文，只用了一年多的时间，他就能读懂法文的科学书籍了，并顺利考进了巴黎大学。那么，他用的是什么神奇的读书方法呢?

他说:“我读书的办法总是以‘定量’、‘有恒’为主。不切实际地贪多，既不能理解又不能记忆。要理解，必须记忆基本的东西，必须‘经常’、‘量力’才成。”他自称这种读书方法叫“日积月累法”。他坚持学习，每天进步一点点，用这样的学习方法，掌握了法文、德文和俄文。

徐特立任教于湖南第一师范学校时，一名学生课外自学存在着贪多图快、不求甚解的毛病，读得多，忘得快，效果欠佳，被徐特立总结为:“读书时常有‘走马观花’、‘狼吞虎咽’、‘囫囵吞枣’、随读随忘的毛病。”针对这种情况，徐特立总结了自己长期积累的“读书以少为主，以彻底消化为主”的经验。他读书注重实效。他的观点是:与其用读一本书的时间马马虎虎读十本书，不如用读十本书的时间老老实实去读一本书，把这本书读得字字分明，句句通透。不读则已，读则定要读个清清楚楚、明明白白。这也有助于理解记忆。青年毛泽东十分钦佩徐特立的治学态度和治学方法，他一生都在实践徐特立的读书经验，也是实践徐特立的读书方法最有成效的人。

徐特立在谈到《说文解字》一书时称，他每天只读两个字，但他在这两个字上花费的时间，胜过别人读几十页书。一千八百多年前东汉人许慎所著的《说文解字》，是我国有史以来第一部系统分析字形和考究字源的字典，共收有9000多个字，字体均为篆籀古文，非常难读、难记。

没有老师帮助的徐特立，只能自己埋头琢磨，每天面对那么两三个字潜心钻研，就连睡觉时还在想着学过的字，直到彻底通晓了这两三个字的写法与意义，才会继续下一个字。《说文解字》有540个部首，他用一年来读，每天只读两个字。他教学生学这些部首时，只要求他们每天记一字，两年学完。

1919年“五四”运动时，徐特立已步入不惑之年（43岁）。执教二十余年来，他的学生遍布长沙、湖南，当时他已是湖南教育界极负盛名的人物了。他是长沙师范学校的校长，又曾担任过湖南省临时议会副议长，在湖南教育界享有“长沙王”的美誉。

但在反动军阀的迫害下，他感到报国无门，前途无望，决心赴法勤工俭学，做一个“扶拐棍的留学生”，去学习西方的新思想、新技术。

这年夏天，他卖掉一部分书籍器物，筹集了一笔经费后，秘密离开长沙前往上海，办理出国手续，于9月28日登上一艘法国邮船，正式开始了旅欧航程。在经历了五十多天的艰苦行程之后，徐特立终于在同年11月中旬到达法国南部的马赛，然后乘火车抵达法国首都巴黎。之后，他到木兰省公学法文补习班学习法文。

对于毫无法语基础又年纪偏大的他而言，去新学一门外语，可谓困难重重。他的记忆力日渐衰退，远不如青年人，但他并没有丧失学习法文的自信心。很多人都为他捏一把汗，但徐特立从来都不是一个躲着困难走的人，他喜欢迎难而上，挑战自己。他说：“我43岁开始学法文，一天学一个字，一年就可学365个字，七年可学2500多字，到了50岁时，岂不就是一个通法文的人吗？假若一天学两个字，到了46岁半，就可以通一国文字。我尽管笨，断没有一天学一字学两字也学不会的。”很多人学习时总抱有“一举拿下”的思想，但往往欲速则不达，而徐特立不急不躁，稳扎稳打，结果只用了一年多的时间，就能读懂法文的科学书籍了，并顺利考进了巴黎大学。

这期间，他曾在法国南部圣来猛钢铁厂一边打工，一边学习。这样半工半读了一年多，终于考入巴黎大学专攻物理、数学等自然科学。四年以后，他又借钱前往比利时、德国学习、考察。1937年1月30日，毛泽东在给徐特立的贺寿信中写道：“你比许多青年壮年党员还要积极，还要不怕困难，还要虚心学习新的东西。什么‘老’，什么‘身体精神不行’，什么‘困难障碍’，在你面前都降服了。”

很多人在走出大学校门后，就逐渐放弃了读书学习，而徐特立的一生几乎都是在读书与学习中度过的，学而不厌，不断更新知识。他的学问在同行中总是遥遥领先，这也是徐特立获得师生一致敬重的原因之一。求学终生、孜孜不倦是徐特立的人生态度，“定量”，“量力”是徐特立的读书方法。

徐特立一生求学，始终不懈，其学问的渊博程度折服了所有认识他的人。

1947年，著名学者谢觉哉读了徐特立的70自寿诗后，写了这样一首诗，来赞颂他读书的勤奋和取得的成就：“你精教育学，更深研数理。哲学政法书，看抄批不已。贯穿辩证法，新奇出腐里。”诗中还希望他多多著述，将自己的精神财富遗留给后人：“应与我公约，著述从兹始。再写三十年，年年十万字。整篇固所需，片羽亦可喜。以此寿世人，学行之根柢。”

朱德称赞徐特立是“当今一圣人”，彭德怀称赞他是“人民教育家”。

毛泽东赞扬徐特立：“平凡伟大马列真，一代师表启后昆。道德文章垂万世，堪称革命一完人。”

而在徐特立自己眼里，他永远是一个学生，一个永远对新知识、新思想充满渴望的学生。他不断地学习新知识，不断地去总结新方法，并付诸新的学习过程。

徐特立是毛泽东的老师，也是中国人民的老师。他曾用“定量”、“量力”的读书方法引导青年毛泽东，他还用这个方法教会了千千万万个普通的中国人识字明理，摘掉了“文盲”的帽子。他在江西苏区时，曾使当地 90% 的文盲率降到了 20%。

【提示】

徐特立的一生向我们昭示：只要凭着“定量”、“量力”的读书方法，每天进步一点点，哪怕只有六年半的学历，也能够成为博古通今、学贯中西的大学者。

1. 明确自己通过多长时间，要达到什么样的学习目标和水准。
2. 将学习任务分解到每一天。
3. 将每天的学习任务分配到固定的时间。
4. 如果有变化，要挤出时间补回来。
5. 坚持学习，每天进步一点点。最后，就会收获神奇的学习效果。

【反思与提升】

· 你当前的学习目标是什么？如果你还没有制订明确的学习目标，请明确。

· 你有明确的学习计划吗？如果没有，请立即制订自己的学习计划。

· 你能每天检查自己的学习效果吗？

· 如果哪一天的学习任务没有完成，你能挤出时间补回来吗？

在不断尝试中完善自我

“为什么不把合格率提高到100%呢？”1997年8月，海尔为了发展整体卫浴设施，派33岁的魏小娥到日本学习世界先进的整体卫浴生产技术。日本人试模期废品率一般都在30%～60%，设备调试正常后，废品率为2%。这组数据让魏小娥向日本的技术人员提出这个疑问。

“100%？你觉得可能吗？”日本人冷笑着反问她。

魏小娥没再说什么，而是把心思都用在学习日本人的先进技术上。

魏小娥心中暗想：“日本人有着先进的技术，但思想的桎梏使他们无法突破2%的废品率。我作为海尔人，一定要做得更好！”

3周后，魏小娥带着先进的技术回到海尔，同时她也树立了“赶超日本人，产品合格率达到100%”的信念。

于是，魏小娥开始重点抓卫浴分厂的模具质量工作。她每天紧绷着质量弦，即使节假日也不肯有丝毫松懈。

一天，她发现有的产品成型后有黑点，便立即召集员工商量对策。

“这些黑点如果不仔细看根本看不见，再说，也是完全可以修掉的，没必要搞得这么紧张。”有位员工不以为然地说。

“这些黑点是不易察觉，可还是被我看到了。我能看到，用户必然也能看到。这样的产品一旦流向市场，一定会影响海尔的名誉。用户都能拿着放大镜、听诊器去买冰箱，也会拿着这些东西去买卫浴设施。所以，既是‘白壁’就不能有‘微瑕’，产生这个小黑点的原因就是我们的现场没有做到一尘不染！”魏小娥严肃地说。

“我看过你带回的日本生产卫浴产品的现场照片，他们的现场那么脏，相比之下，我们的现场要干净得多。再说，压出板材后，难免会有毛边落下来，清理时，尘土飞扬都是在所难免的……”魏小娥的话音刚落，另一名员工就这样辩解说。

“脏乱绝不是标准，一尘不染是海尔的标准！日本人做不到的，难道海尔就一定做不到？！”没等这位员工说完，魏小娥就大声说道。

然而，直到会议结束，也没有人能够提出一个可行的方案。

但魏小娥并没有就此作罢，而是更加用心地想办法解决。她走路、吃饭的时候都在想：“清理毛边时确实会有很多灰尘，有什么好的办法能解决呢？”

一天，魏小娥下班回到家，脑子里还在想着“毛边”的问题。她的眼睛漫无目的地扫视着家里的各个角落。当她看到女儿时，目光停在了女儿的手上。女儿正在用卷笔刀削铅笔，铅笔的粉末都落在一个小盒内，不会掉在地上。

看到这里，魏小娥眼前一亮，不禁喜上眉梢。她随即拿起纸和笔画起了图纸，晚饭也没顾上吃。

第二天，一个专门收集毛边的“废料盒”诞生了，清理下来的毛边直接落入盒内，不会再落到工作现场或原料上，从而很好地解决了板材的黑点问题。

还有一次，魏小娥在原料中发现了一根头发，这让她意识到：“一根头发虽小，万一混进原料中就会出现废品，无疑是废品的定时炸弹。”想到这些，魏小娥立即给操作工统一制作了白衣和白帽，而且要求大家统一剪短发。

为了达到100%的合格率，魏小娥每天严把质量关，不放过一丝一毫的问题。就这样，在魏小娥的努力下，“赶超日本人，产品合格率达到

100%”的目标实现了。

半年后，日本模具专家宫川先生来华访问，魏小娥这时已经是卫浴分厂的厂长。

当宫川先生看到海尔一尘不染的生产现场和100%合格的产品，不禁惊呆了。

“日本卫浴产品的现场脏乱不堪，我曾绞尽脑汁想办法解决，但最终没有成功。对我们来说，2%的废品率、5%的不良品率是天经地义，100%的合格率是我们连想都不敢想的。这些，你们都是怎么做到的？”宫川先生向“徒弟”魏小娥请教道。

“用心。”魏小娥简单地回答了两个字。魏小娥的回答让宫川先生非常吃惊，自己曾经绞尽脑汁无法解决的问题却被“徒弟”用两个字解决了，这不得不让他佩服。

产品的质量是企业的生命，海尔用高品质的产品和服务来征服市场，赢得顾客，获得了一系列荣誉。

1998年4月，海尔集团在全公司范围内掀起了向洗衣机本部住宅设施事业部卫浴分厂厂长魏小娥学习的活动，学习她“认真解决每一个问题的精神”。

【提示】

魏小娥坚持在不断尝试中完善自我，精益求精，不断追求完美，最终实现了“赶超日本人，产品合格率达到100%”的目标。

在产品和服务越来越同质化的今天，细节的完美是企业竞争的制胜法宝。任何一家想在竞争中取胜的公司，都必须在不断尝试中设法使自己的产品质量尽可能完美，无可挑剔。

1. 每个员工只有走出“马马虎虎能过关就行”的思想误区和工作误区，以精工细作、精益求精的工作精神，不断在尝试中完善产品和服务，才能实现完美和自我完善。

2. 发现问题，哪怕是再小的问题，都要立即寻求解决方案。

3. 严格要求自己，才能不断完善自我。

4. 如果自己是个管理者，就要同时严格要求下属，才能共同完善自我，共同完善产品和服务。

【反思与提升】

· 你能够在不断尝试中完善自我，完善产品和服务吗？

· 为了不断完善自我，完善产品和服务，你打算怎么做？

吸取教训，在错误中成长

“您为什么会比一般人更有创造力？是什么因素让您超乎凡人？”有个报社记者问医学家史蒂芬·葛雷先生。

“在我看来，这都与我小时候母亲传给我的经验有关。有一次，我尝试着从冰箱里拿一瓶牛奶，失手把瓶子掉在地上，牛奶溅得满地都是——像一片牛奶海洋一样！”

“我母亲来到厨房，并没有对我大呼小叫，也没有教训或者惩罚我，她说：‘哇，你制造的混乱还真棒！我几乎没有看见过这么大的水坑。反正损害已经造成了，在我们清理它之前你要不要在牛奶中玩几分钟？’

“我的确这么做了。

“几分钟后，母亲说：‘你知道，每次当你制造这样的混乱时，你还是得把它清理干净，让物归原处。所以，你想这么做吗？我们可以用一块海绵、一条毛巾或一只拖把。你喜欢哪一种？’

“我选择了海绵，于是我们一起清理打翻了的牛奶。

“母亲又说：‘你知道，我们在如何有效地用两只小手拿大牛奶瓶上已经做了个失败的试验。让我们到后院去，把瓶子装满水，看看你是否可以拿得动它。’

“我终于学到了，如果用双手抓住瓶子上端接近瓶嘴的地方，我就可以拿住它不会掉！

“母亲的这堂课真棒！”

【提示】

史蒂芬葛雷先生的母亲启发他：面对错误给自己的教训，不需要害怕，要吸取教训，在错误中成长。

【反思与提升】

· 如果你因犯了错误而得到教训，你会陷入自责、内疚不能自拔吗？如果是，你觉得这样能有助于解决问题吗？

· 为了吸取教训，在错误中成长，针对当前工作中的问题和教训，你觉得自己该如何做？

时时保持低调，刻刻别忘请教

“巴西出现了一位神童！”1940年10月23日，贝利出生于巴西的特雷斯科拉索内斯镇。1957年，未满17岁的贝利入选国家队，首次参加世界杯赛，巴西队第一次捧回了世界杯。他精湛的球技引起足坛惊呼。荣誉背后，是刻苦的训练。贝利从小喜欢踢球，由于家境贫寒，买不起鞋子，他只能赤脚踢球。但这些丝毫没有影响他对足球的热爱，即使光着脚也练出了一身过人的球技。13岁时，他代表当地的包鲁俱乐部少年队踢球，该队连续三年夺得包鲁市冠军。1956年，他被布里托带到桑托斯俱乐部。入队的第一年，他就踢进32个球，成为该队最年轻的射手。

从此之后，贝利的惊人表现令人眼花缭乱。

1958年，贝利在圣保罗州联赛中踢进58个球，各项赛事共进139个球！

1959年他踢进127个球！

1961年踢进110个球！在他的绿茵生涯中，贝利曾6次在一场比赛中踢进5球，30次单场进4球，92次上演帽子戏法！

1964年，在对博塔弗戈的比赛中，他一场进了8个球！

1969年11月19日，贝利在马拉卡纳体育场踢进了他个人生涯的第1000个球。那是多么振奋人心的时刻！球迷欢呼声四起，为了庆祝，不少球迷冲入场内，比赛被迫终止。

后来，桑托斯俱乐部将11月19日定为“贝利日”，纪念“球王”的成就。

“你现在已经取得了如此大的成就，你还有什么愿望呢？”记者问他。

“踢进第1001个球！”贝利脱口而出。

“你踢进了这么多球，你觉得哪个球踢得最好？”有人问他。

“下一个！”贝利笑了笑，意味深长地说。

正是这种“时刻归零”的信念，使贝利成了20世纪足球运动中最伟大的足球明星之一，被人们誉为“球王”。在职业足球生涯中，他共参加了1363场正式比赛，共踢进1282个球。1956–1974年，贝利在桑托斯队效力的19个赛季中，共夺取圣保罗州联赛冠军11次、巴西杯冠军6次、世界俱乐部杯冠军（丰田杯前身）2次、南美解放者杯冠军2次，当选圣保罗州联赛最佳射手11次。1957–1965年，他连续9年穿上最佳射手金靴。1977年10月1日，他结束了自己非凡的足球生涯。1995–1998年，任巴西体育部长。

靠着低调虚心的进取精神，贝利这个出生在贫寒家庭的孩子成长为20世纪最伟大的足球明星之一，被喜爱他的人尊为“球王”。1980年，他被欧美20多家报社记者评为20世纪最杰出的运动员之首，1987年6月，他被授予国际足联金质勋章，1999年被国际奥运委员会（IOC）选举为“世纪运动员”。

贝利时时保持低调，并教育英格兰足球天才鲁尼必须处理好自己足球场外糜烂的私生活，否则将在足球场上永远无法充分发挥出应有的潜力和才华。

贝利一直非常欣赏鲁尼的才华，甚至认为鲁尼的成长轨迹与自己当初有着几分相似之处，同样是年少成名，同样是锋线杀手。

2005年，贝利在接受《442》杂志采访时表示：“鲁尼必须将自己的主要精力集中到足球场上，在曼联和英格兰国家队确立核心地位，而不是频频传出绯闻和滋事。这是我给他的最诚恳的忠告。但是我也知道，任何一个人都不是十全十美的，我父亲当初就是这样教育我的。当你在很年轻的时候就展露出非凡的才华时，所有的人都认为你是最好的；但如果你认为自己不需要通过努力就能保持现状时，你将变得一无是处。”

“所以，我给鲁尼的建议是彻底忘掉以前的所有荣誉，从头做起，无论人们说你好还是不好。做好你自己，更要随时做好准备，因为世界杯的比赛是必须做好准备的，否则，你将永远不会在世界杯的赛场出彩。”贝利恨铁不成钢地继续说道，“如果你总是在不断地虚心学习，那么你将肯定会越来越出色。这就是我对鲁尼的全部忠告，但愿他不会让我失望”。

【提示】

“踢进第 1001 个球”、“下一个”，这两个简短的回答充分体现出球王贝利谦虚谨慎，时时保持低调，时刻“归零”的“空杯”心态。这种心态促使他加倍努力提高自己的球技，不断取得新的更大成绩。他不但自己做到了这一点，还劝告英格兰足球天才鲁尼：不管自己的业绩有多好，都要注意时时保持谦虚低调，刻刻别忘请教，不断学习，不断训练，不断鞭策自己向更高的目标攀登。

【反思与提升】

- 当你在一个领域取得一定的业绩、达到一定的高度时，是否能够保持低调谦虚的“空杯”心态，时时不忘记向他人学习请教？
- 你是否有一切归零的勇气？评价自己在行业中的位置、高度，设立新的目标，分别制订自己新的学习、训练计划和业务进取计划。

取长补短，向领先者学习

“靠机动力量进行飞行是不可能的！”颇受人们敬重的美国科学家西蒙纽康曾经这样断言。1896年，德国著名的航空界先驱奥托·利连撒尔驾驶自己制造的飞行器坠毁身亡！这似乎印证了西蒙纽康的断言。

然而，莱特兄弟没有被前人的论断束缚住，没有被前人的悲剧吓倒。为了实现飞上蓝天的梦想，正在经营自行车商店的威尔伯·莱特和奥威尔·莱特兄弟俩决定向研究飞行器的先驱们学习。他们立即开始着手搜集资料和研究资料。

一天，在研究资料时，奥威尔对威尔伯说：

“威尔伯，你还记得有一本书上谈到双翼平衡的原理吗？有一位飞行家就是坐在滑翔机上左右挪动身体，以保持机翼的平衡，这样就可以不完全听任风力的摆布，从而大大增加了安全性。”

“既然这样，让我们一起重新开始我们的飞行研究吧！”威尔伯若有所思地说。

为了集中精力研究飞行器，威尔伯和奥威尔兄弟俩毅然将日益红火的“莱特自行车商店”交给爱德等人管理。

接下来，他们不断向研究飞行器的先驱们学习，搞了三年理论研究。要研究飞行，首先要搜集资料，学习和研究已有的先进理论成果。这些工作，他们以前也做了一些，但那是极有限和肤浅的。

“虽然我们早就有过研究飞行的计划，但实际上我们的知识极其有限。现在志向已定，我们必须认真地从头学起，从最基本的学起。奥威尔，你的记忆力很强，现在又有时间，要抓紧时间认真学习。当然也不能太性急。

必须将有关空中飞行的书，认真搞懂、搞透，一遍不行就两遍、三遍，直到弄懂为止。我们至少得用两三年的时间去读书、研究才行。”哥哥威尔伯严肃地对奥威尔说。

由于从事飞行研究的人很少，所以，关于飞行方面的书也很少。代顿镇的图书馆是根本没有这类书的。所以，他们致函华盛领从事航空研究的史密森学会索取有关图书、杂志等。

史密森学会的同行们热情相助，给他们寄来了许多宝贵的资料。

一旦获得一点资料，他们就视为珍宝，如饥似渴地阅读、研究。当然，他们遇到了许多困难，比如，有些语言不懂，有些公式、道理弄不明白，但他们两人总是在一起，结合两个人的知识和智慧，一点一点地攻破难关。

通过三年的理论研究，到了 1898 年，威尔伯和奥威尔收集到了他们能够找到的一切资料，研究了有关飞行的一切形诸文字的东西。通过理论研究，莱特兄弟掌握了大量有关飞行的知识，为日后制造和试飞滑翔机奠定了基础。

1903 年 12 月 17 日，威尔伯和奥威尔制造的“飞行者 1 号”代表人类飞上天空！1904 年 5 月 26 日，“飞行者 2 号”进行了第一次试飞。1905 年 10 月 5 日，“飞行者 3 号”飞了 38.6 千米，留空时间最长达 38 分钟。莱特兄弟的飞机较好地解决了平衡和操纵问题。1906 年，莱特兄弟在美国的飞机专利申请得到承认。1908 年，莱特兄弟在巴黎、伦敦和华盛顿赢得了很多荣誉，美国总统塔夫脱称赞“这对杰出的美国兄弟全身心地投入了飞机制造事业”。莱特兄弟声名大振。1909 年 3 月，美国陆军部正式向莱特兄弟订货。1909 年 7 月 30 日，莱特兄弟向陆军部交付了第一架军用飞机。接着，许多国家的政府也开始飞机的研制。莱特兄弟于是组建了莱特飞机公司，并签订了在法国建立飞机公司的合同。但是作为生意人，他们很快发现自己在市场开发上缺乏经验。飞机设计方面的竞争对手很快“参考”了他们的技术，对手们制造的飞机在性能上很快走在了他们的前面……

【提示】

通过长期地向领先者学习，不断地试验、试飞，莱特兄弟最终用事实向人类证明：飞行器的时代已经来临，人类飞行之梦已经成真！人们永远不会忘记实现全人类飞行梦的威尔伯·莱特、奥威尔·莱特兄弟俩！后人之所以能够超越莱特兄弟，那是因为后人站在了他们的肩膀上。

【反思与提升】

· 你喜欢自己摸索，还是喜欢向领先者学习？你觉得这两个途径哪个更容易达到目的？

· 你当前最重要的工作问题是什么？

· 在当前工作领域中，最有成就的领先者都有哪些？

· 你如何向领先者学习？

认真对待批评和建议

1874年2月17日，美国IBM（国际商用机器公司）创始人托马斯·约翰·沃森出生于美国纽约州北部一个贫困的农民家庭。后来他毕业于美国埃尔米拉商业学校。由于家境贫寒，沃森17岁就开始了推销员的职业生涯。

他的第一份工作是给一家五金店老板推销缝纫机。他每天穿梭于大街小巷，十分辛苦。

当时，推销是个让人瞧不起的职业。沃森在推销的过程中，时常遭人白眼，被人挖苦。

而他把这些当成家常便饭，并不放在心上。沃森没有因此放弃这份工作，反而把这些艰辛当做历练，把客户难听的言语当做补品，让自己从中汲取养分，得到提高，一点点成长。日积月累，沃森的业绩终于做得十分出色。

“全国现金出纳机公司的老板帕特森是当代最有名的‘推销天才’，许多质朴勤奋的青年在他手下成长为一流的推销人才，收入相当可观！你何不前去投奔他？”有人向沃森建议。

“太好了！”1895年10月，沃森决定到全国现金出纳机公司工作。

然而，沃森前去拜访公司分所经理兰奇先生时，却遭到了拒绝。

沃森并不灰心，决定再一次前去拜访兰奇。

无论兰奇如何打击他，他总是以微笑面对兰奇。

反复几次后，兰奇终于被沃森打动。兰奇对他说：“看在你如此有韧劲上，我就给你一个机会，试用一段时间。如果做不好，那就请立马走人！”

“非常感谢您给我这次机会，我一定会努力工作，绝不让您失望。”

沃森十分高兴地回答。

沃森乘兴开始了他的第一次推销，然而，让他感到意外的是，他的第一次推销惨遭失败！

兰奇知道后非常生气，大声责骂他："当初你是怎么向我保证的？结果又是怎么做的？你可真让我失望！一开始就做成这样，亏我还相信你，给你这个机会！恐怕你当初说的都是在吹牛吧？没能耐就别来求我，你这跟招摇撞骗有什么差别！……"

兰奇的责骂越来越难以入耳，沃森被骂得面红耳赤。

要是换成其他人，恐怕早就受不了这种羞辱，一走了之了，或者会开口与之理论。

但沃森始终忍着，直到兰奇停止责骂，他才认真地说："您骂得对，我确实做得很差，但请您相信自己的眼光，您一定没看错人！我会用自己的业绩来证明这一点。"

沃森之所以能在兰奇的百般羞辱中表现出惊人的忍耐力，是因为在他看来，领导的批评和建议就是自己成长的补品，是推销职业必修的课程。

在之后的推销中，沃森更加用心学习兰奇的销售技巧，更加努力地去工作，但还是难免有失误的时候，仍然时常被兰奇责骂。他每次都能虚心听取，认真改正。

兰奇是帕特森的优秀学徒，沃森在兰奇的责骂下，也得到了兰奇的真传，成为他最优秀的弟子，而且青出于蓝而胜于蓝。

一年之后，沃森成为美国东部最成功的推销员。

1910年，沃森成为公司中仅次于帕特森的第二号人物。

1914年，沃森进入计算制表记录公司（CTR）任公司经理。

1924年，沃森改计算制表记录公司（CTR）为IBM公司，成为IBM的创始人兼 CEO。

20 世纪 40 年代后期，托马斯·沃森带领公司率先进入计算机领域，被称为“计算机之父”。

从兰奇的批评中，沃森学到了很多让他终生受用的东西，直到后来在 IBM，他还经常对下属们介绍兰奇怎样用实例去推销自我、推销产品。

【提示】

兰奇是个严厉、苛刻的领导，沃森可以说是在兰奇的责骂下成长起来的。

许多员工在被领导批评、责骂时只觉得委屈难忍，却不明白那正是领导对自己“恨铁不成钢”的期待。如果犯了严重错误连批评都不再有，那就离走人不远了。

面对领导的批评，要学会从中听取对自己有用的养分，至于其他的过激言辞则没必要放在心上。错了就是错了，批评几句也是理所应当，千万不可意气用事，拍案而起，跟领导顶嘴或挥袖走人。这样做无疑是失去了提高的好机会，遭受损失的只有自己。只有把领导的批评当成补品，才能更好地尽职尽责，才能快速脱颖而出。

【反思与提升】

· 你被领导批评过吗？

· 面对领导的批评，你是怎样的一种心态？

· 再一次面临批评时，你将如何对待？

自省的过程就是提高的过程

“我何不以写作谋生？如果能写出好的作品，必然被人们喜爱，被社会认可。”经历了两次职业挫折的萧伯纳这样想。原来，由于家境贫寒，萧伯纳15岁便辍学。父母离婚后，他跟随母亲来到伦敦。母亲微薄的薪水难以维持一家的生活，因此，他特别渴望能找到一份工作以贴补家用，让自己在社会上有个立足之地。可不幸的是他先后找了两份工作，没干多久，都因公司倒闭而告终。

于是，萧伯纳开始奋笔疾书，连续写了5部长篇小说。

令人遗憾的是，5部小说先后被60家出版社拒绝！

虽屡遭失败，他依然坚持写作。长达9年的写作中，他所得的稿酬不过6英镑！其中5英镑还是代写卖药广告的报酬。

“我的稿子一再被拒绝一定是我写得不够好，我为什么写不出好的作品呢？”文学道路的挫折没有让萧伯纳放弃，而是让他开始自我反省。

这个问题一直在他脑海里打转。有一天，他终于想明白：

“写不出好的作品一定是因为我的知识不够丰富，对社会的认识不够深刻。”

于是，萧伯纳开始大量阅读文学作品，并积极参加社会活动，然后更加勤奋地写作。

在这个过程中，他又发现一个问题：

“自己从小就害羞，不敢在众目睽睽之下讲话，现在也是如此。这可是个致命的弱点。不能在人多的场合畅所欲言，怎么能服众？怎么能被人们认可、被社会承认？”

为了克服这一缺点，他参加了一个叫“考求者学会”的辩论会。在这个辩论会上需要当众与学者们进行辩论，他想以此来迫使自己得到锻炼。

起初，他一想到对方都是一些学者，听到别人讲得那么好，又怕那么多双眼睛盯着自己，本已到了嗓子眼的话，又生生被咽了下去。他只是听着别人慷慨激昂的辩词羡慕不已。有时候他还会发现别人所阐述的观点和自己的一样，不同的是别人很自然地说了出来，便赢得了掌声，而自己却是憋在肚子里，无人知晓。

“如果那些话是从我的嘴里讲出来，那掌声也一定就是属于我的，我为什么不说呢？即使说得不好、说错了，又能如何？辩论会嘛，本来就是各抒己见。”

有了这些想法后，他开始尝试着把自己的观点大胆地讲出来。一开始，他讲得并不令人满意，但是，能迈出这一步，萧伯纳已经很高兴。当偶尔获得几次掌声后，他便有了自信，表现得越来越好。慢慢地，他就能像别人一样自如应辩了。

克服了自身的缺点后，萧伯纳想进一步完善自己：要被人们认可，先要引起人们的注意，给人们留下深刻的印象。

于是，他特意留起了古怪的发型，像个讽刺家一样；他还对着镜子练习各种手势，以加强演说效果。

就这样，萧伯纳不断地发现问题——自我反省——解决问题——进一步完善。终于，他以爱尔兰式的机智幽默赢得了听众，成为一位受人追捧的演说家。

在他靠演讲过日子的12年间，仍然坚持每天写一定数量的文章，演讲的成功让他更加坚信自己在文学道路上也一定会成功。

1892年，萧伯纳正式开始创作剧本。他的戏剧改变了19世纪末英国舞台的阴霾沉沉的状况，掀开了英国戏剧史新的一页，他本人也成为英国戏剧界的革新家。

萧伯纳的第一个戏剧集《不愉快的戏剧集》，包括《鳏夫的财产》、《华伦夫人的职业》、《荡子》三个剧本；第二个戏剧集包含有《武器与人》等4部剧本；第三个戏剧集《为清教徒而写的戏剧集》包含《魔鬼的门徒》等3个剧本。

之后，他又写出了《英国佬的另一个岛》、《皮革多利翁》、《巴巴拉少校》、《圣女贞德》、《伤心之家》等大量的优秀作品。

萧伯纳成长为英国现代杰出的现实主义戏剧作家、著名的擅长幽默与讽刺的语言大师。

1925年，因为作品中追求的理想主义和人道主义，萧伯纳获诺贝尔文学奖。

【提示】

萧伯纳的文学之路是坎坷的，在这条不平坦的道路上，他从没有放弃过，而是不断地自我反省，一点点地完善自我，一步步成长，最终走向了成功。

面对工作中层出不穷的问题，不要逃避，更不要放弃，要不断努力学习，不断主动反省，主动寻找答案，这样，自己就在解决问题中完成了真正的成长。问题不是绊脚石，解决好了，它将成为我们成长的很好的垫脚石，帮助我们不断登上新的台阶。

【反思与提升】

· 在工作中遇到问题、困难、挫折和失败，你是逃避、放弃？还是不断通过学习和自省达到自我完善、自我提升？

· 你目前工作中最大的问题是什么？你准备怎么解决？

第8靠
eighth

减压：快乐工作每一天

要正确面对挫折和失败，积极化解抱怨、争论和冲突，要学会释放不快乐的情绪，给自己一个愿望，并注意适度降低自己的期望值，化不良情绪为动力，找回工作的激情，并注意不要让自己太疲惫，要学会放松。

找回工作的激情

“我得赚更多的钱！”大名鼎鼎的安德鲁·卡耐基出生于美国匹兹堡的贫民窟，是贫穷的苏格兰移民的后代。为了吃饱肚皮，分担家庭负担，年仅10岁的小安德鲁就不得不进入一家纺织厂做童工。对于小安德鲁来说，纺织厂的工作非常辛苦，每个月却只有7美元的薪水，这让他感到悲凉。小安德鲁对这微薄的收入并不满足，他决心找到工作的激情。

于是，他又找了两份兼职工作：烧锅炉和在油池里浸纱管。

加煤时，锅炉边的热气让小安德鲁不停地流汗，油池里的气味令人作呕。

可是他一点都不在乎这些，仍然满怀激情地工作着……

“为了能够有一份更好的工作，赚更多的钱，我每天晚上必须坚持去夜校上课。”他的这种勤奋是同龄孩子想都不敢想的事，小安德鲁却一直充满激情地坚持着……

“匹兹堡市的大卫电报公司需要一个送电报的信差。你去试试，或许能有一份更好的工作。”1849年，安德鲁·卡耐基的姨夫告诉他。当时，匹兹堡不仅是美国的交通枢纽，更是物资集散中心和工业中心。电报作为先进的通信工具，在这座实业家云集的城市里有着极其重要的作用。

“真的吗？我可以成为一家大公司的职员？”得知这个消息后安德鲁非常兴奋！

安德鲁按照姨夫说的地址找到了大卫电报公司。他刚走进公司大楼，正好遇见迎面走来的大卫先生。

大卫电报公司的拥有者大卫先生看见一个小男孩东张西望地走进公

司，就走上前去，问："小朋友，你有什么事吗？"

"听说这里需要一个信差，我是来应聘的。"小安德鲁说。

大卫先生听后，上下打量了一下小安德鲁说："你是来找工作的？你今年多大了？"

"14岁！"

安德鲁看大卫先生听到自己的年龄后，显得有些不相信他的能力，便一本正经地说：

"您别看我年龄小，个子也不大，但是我跑得快，我一定会以最快的速度把电报送到指定的地方的。"

大卫先生笑了笑说："呵呵，人小口气倒不小。那你熟悉匹兹堡市区的街道吗？"

"不熟悉，但是我会在一星期内熟悉匹兹堡的全部街道！"

这话让大卫先生对这个孩子更加感兴趣。他想看看这个小男孩有多大能耐，说话竟有如此大的口气。

于是，他笑着说："好吧，我给你每月12美元的薪水，从现在起就开始上班吧！"

就这样，小安德鲁成了大卫电报公司的一名信差。

每天早晨，天刚蒙蒙亮的时候，小安德鲁已经出门。他故意绕着弯路向公司走去，一边走，嘴里还一边念叨着沿途经过的街道名字。当他到公司的时候，已经记下了所有经过的路名。

到公司后，他领了要送的电报，边走边问，确定一个地址后，就跑步送过去。然后，打听下一个地址，再跑去送。由于他是跑着送的，虽然路不熟，但是也并不比别人送得慢。

下班后，安德鲁也不急着回家，而是由近及远地熟悉着公司周围的街道。他每天都很晚才回家，虽然很辛苦，但他心里却非常高兴。

“我各方面条件都不如那些老员工，所以我必须付出更大的努力才能被老板重视。”安德鲁每天都激情昂扬地奔跑在匹兹堡的大街小巷。

只用了一星期的时间，安德鲁看到电报上的地址就能知道大概位置，直接就可以跑去送到客户手里。他兑现了对大卫先生的承诺。

两个星期后，安德鲁已经对郊区的大小路径完全熟悉了。

有了如此大的进步，他的激情依然不减，仍是每天跑步去送电报。因为他总想着以最快的速度把电报送到客户手里。

一年后，大卫先生把安德鲁叫到办公室，说：“你的工作非常出色，公司决定升你为主管，以后就不用再去送电报了，管好那些信差，让他们及时把电报送到客户手里就行了。另外，公司还会把你的薪水涨到每月 20 美元。”

15 岁的安德鲁，凭着自己的勤奋努力，不仅当了主管，还得到了 20 美元的月薪，这让他非常高兴。

安德鲁工作得更加疯狂。

虽然不用再跑着送电报，但他也不愿睡懒觉。他每天总是提前两个小时到公司，先把每一个办公室都打扫一遍，然后悄悄地跑到电报房去学习收发电报。

后来，安德鲁成为公司里首屈一指的优秀电报员，职位和薪水也随之再一次得到了提升。

安德鲁总是充满激情地工作，勤奋努力地学习，这为他以后的事业奠定了坚实的基础。初入社会时，安德鲁·卡耐基只是一个低学历的出身贫寒的童工，经过多年的勤奋努力，最终成长为声名显赫的世界钢铁大王。

【提示】

安德鲁之所以能够快速地成长为新公司的优秀员工和管理者，全凭着积极进取的激情与勤奋精神。

1. 只有付出更多的努力，才能快速成为优秀员工。因为激情、勤奋是快速成为优秀员工、脱颖而出的捷径。

2. 克服消极心态，树立积极心态。积极心态是激情和勤奋的总发动机。

3. 积极进取的激情和勤奋学习、勤奋工作可以让我们弥补自己的短处和不足，快速熟悉环境，快速熟悉工作业务，快速获取更多的工作经验。

4. 每天提前上班做一些额外工作，会让你得到额外的欣赏、信任和额外的提升机会。

【反思与提升】

· 你曾经为工作沮丧过吗？

· 你是继续沉溺于负面情绪不可自拔，还是努力找回了工作的激情？

· 你相信“勤能补拙”吗？

· 为了快速优秀，你是否已经做好了焕发激情、勤奋工作的准备？你打算怎么做？

释放不快乐的情绪

20 岁那年，艾特充分体会到了生命的快乐。他积极投入体育锻炼，滑冰、滑雪、高尔夫球、网球、羽毛球、篮球和排球，他甚至还组建了一个竞赛联合会，并着手建立一家网球场建设公司，艾特还和自认为世界上最美的女人订了婚……艾特觉得自己人生的前景充满了光明。

然而，厄运却在这时无情地降临了！

那是个美妙的圣诞之夜。艾特离开加利福尼亚州，开车去犹他州。他要去那里和未婚妻黛丽丝共度假期。当时离结婚日仅有 5 周的时间，他们想借此机会好好谈谈婚礼的计划安排。艾特开了 8 个小时的车，感到有些力不从心，于是他就让朋友驾驶，自己则到乘客席上系上安全带睡觉了。

这时，已是深夜。疲惫的朋友开了一个半小时后，竟然伏在方向盘上睡着了！

突然，汽车撞到了桥台上，爬到了桥台顶部，然后又从桥台上面滚了下来！

金属扭弯的声音、玻璃破裂的声音使艾特蓦然惊醒！

当他再一次睁开眼睛，世界已经变得一片黑暗。他感到满脸在流血，非常非常的痛苦……

车子停住时，瞬息间又恢复了平静，艾特已人事不知。

他被从车里抛了出去，在光秃秃的地上摔坏了脖子，腿脚、腹肌、腰肌，胳膊和手都不听使唤了，胸部以下也都瘫痪了。

艾特和朋友被人发现后，被救护车送到内华达州拉斯韦加斯一家医院。

“艾特已成为废人！”诊断后，医生宣布说，“他不仅再也不能驾车了，而且也不能再工作了，因为他只有7%的身体可以动。他的余生得完全依靠他人喂食、穿衣和行走。”

医生又说，“艾特最好再也不要提结婚的事了，因为……谁还会要艾特呢？他再也无法参加任何种类的竞技和体育活动了。”

这次事故成了艾特人生的转折点。他第一次感到无比惊惧和沮丧。

躺在拉斯韦加斯那家医院的病床上，艾特发现自己时时刻刻都被不快乐包裹着。他自问：我的全部希望和梦想都何处去了？一切是否可以从头开始？自己还能工作、结婚、生子吗？还能享受先前幸福快乐的生活吗？……

那段日子，艾特既担心又害怕，非常非常的不快乐，他感觉世界一片黑暗。

这时，母亲来到艾特身边，鼓励他说：“艾特，当痛苦降临后，要学会用积极的行动去释放不快乐的情绪。”

刹那间，艾特觉得阴暗的病房又一次充满了希望，他相信明天会好起来的。

11年后，艾特拥有了自己的公司，成为了一名著名的专业评论员，还写了一本书：《奇迹如此发生》。

艾特每年行程20万英里，听众超过10万人。艾特还入选6州区小企业管理机构的1992年度最佳青年企业家。1994年，《成功》杂志推举艾特为该年度最伟大的身残志坚者。

艾特遭遇重大不幸却梦幻成真，这一切缘何而来呢？

自从那天听到母亲的鼓励，艾特感到自己的身体奇迹般地开始恢复了！

他克服了常人无法想象的痛苦，顽强地坚持锻炼身体，通过锻炼身体来克服包裹着自己的不快乐。

锻炼让他赶走了时时刻刻包裹着自己的不快乐！

终于，他发现自己的手脚恢复了知觉！

接着，他又开始尝试学开车。

一年后他终于又能开车了！

在遭车祸一年半年后，艾特仍然和那个美丽动人的姑娘结了婚。1992年，艾特妻子黛丽丝当选犹他州小姐，又参评美国小姐获季军。艾特和黛丽丝生育了一双儿女，3岁的女儿瑞娜和刚满月的儿子阿瑟，他们给艾特夫妻的生活带来了无限欢乐！

六年后，他又可以到任何他想去的地方干自己想干的事情了！

艾特已经完全自理了！

艾特又开始了运动生涯。他重新学会了游泳、潜水。他是第一个参加滑翔跳伞的四肢瘫痪者。艾特还重新学会了滑雪，他相信这不会对他有任何伤害。艾特甚至还参加了10公里轮椅竞赛和马拉松。1993年7月10日，艾特用了7天时间跑完了从犹他州的盐湖城到圣乔治城之间32英里的路程！此举在世界瘫痪病人中属首次。这可能并不是艾特最辉煌的成就，但却是最困难的一次经历。

【提示】

多年来艾特一直铭记母亲的话：当痛苦和不快乐降临后，要学会用积极的行动去释放不快乐的情绪。最终，他不但走出了不快乐，而且走出了挫折和不幸，创造了种种看似不可能的业绩！艾特用自己的人生经历启示我们：学会通过积极的行动释放不快乐的情绪。积极的行动，不但能够释放不快乐的情绪，而且可以创造奇迹！

1. 学会释放不快乐的情绪。工作没有高低贵贱之分，只有态度的不同。一个会释放负面情绪的人，才能够对重新积极地工作，有所作为。

2. 大哭一场也可以释放不快乐的情绪。

3. 向亲近的亲友倾诉，可以释放不快乐的情绪。

4. 转移注意力，可以释放不快乐的情绪。

5. 做深呼吸可以释放不快乐的情绪。

6. 运动可以释放不快乐的情绪。

7. 到野外或公园里游玩可以释放不快乐的情绪。

8. 听音乐可以释放不快乐的情绪。

9. 唱歌、呼喊也可释放不快乐的情绪。

10. 写日记反省、自我心理调整可以释放不快乐的情绪。

【反思与提升】

· 你对自己的工作满意吗？现在的工作能够很好地发挥你的才华吗？

· 如果你因为工作而陷入了负面情绪，你会释放自己的负面情绪吗？如果做得不好，你觉得怎样才能释放自己的负面情绪？

降低自己的期望值

“你应该好好读书，考上大学，才能成为一个教育家！”李嘉诚14岁时父亲因病去世。母亲、他和年幼的弟妹全靠舅父抚养。舅父劝导他。

望着愁苦的母亲和年幼的弟妹，小嘉诚感到自己肩上责任的重大。

“等我赚够了钱，再去读大学，圆我当教育家的梦！”就这样，李嘉诚毅然谢绝了舅父供他读书的好意，决心面对现实，降低自己的期望值，用自己的双手托起这个家。他恋恋不舍地离开了学校，开始靠他那弱小的身躯去闯天下。

然而，14岁的小孩要找份工作谈何容易！小嘉诚跑得脚都磨出了泡，也没有人愿意用他。

舅父知道后，心痛地对他说：“嘉诚呀，如果你非要工作的话，不如到我的钟表行做事吧！”

舅父的关爱让小嘉诚心里酸酸的，但他还是咬了咬牙拒绝了：“我一定要靠自己的能力找到工作！”

终于，小嘉诚在一家叫“春茗”的茶楼为自己找到一份跑堂的差事。

“你回去准备一下，明天早上来上班吧！”茶楼老板对小嘉诚说。

能够找到一份工作，对14岁的小嘉诚来说，实在不容易。

他非常高兴，也非常珍惜这次机会。于是，迫不及待地对老板说：“不用准备了，我现在就可以开始工作！”

小嘉诚说完，还没等老板回话，就跑去收拾客人走后零乱的桌子。

老板看着他忙碌的小身影，笑着点了点头。

茶楼的工作很辛苦，端茶、倒水、抹桌子、扫地这些都是日常活儿。

活儿虽不重，但手脚不停地干上十几个小时，也是很累人的。

茶楼里另一个跑堂的，比小嘉诚要大出好几岁。他在这里做了一年多了，人很勤快，只是活干得太粗糙。

他在给客人上茶的时候，总是一只手端着托盘，把茶点往桌上随便一放，就去忙别的事情，或到一边休息去了。

客人走后，他就胡乱把茶具收拾到托盘上，一只手端着托盘，另一只手象征性地拿着抹布在桌子上擦两下。

为了少跑腿，抹布从没离开过他的手。给客人上茶点的时候，非常不雅观。

这样一来，他经常会把茶具碰坏，擦过的桌子也常留有水迹或点心碎屑。下一位坐在这里的客人如果比较讲卫生，就会招呼人再去擦。

如果被老板看到，难免挨训。每次他都是满不在乎地吐吐舌头，一溜烟地跑开。

小嘉诚知道自己的工作来之不易，再苦再累也都非常认真地做着每一件事。他给客人端茶、上点心的时候，从不拿抹布。双手轻轻把茶水放到客人面前后，笑容可掬地问上一句："需要我帮您倒上吗？"

当客人说"谢谢！"或忙着和朋友说话的时候，他都会帮客人把茶倒好再离开。

如果客人只要了茶水，他就会问一句："请问您喜欢什么点心呢？"

客人走后，他也总是小心翼翼地把茶具收拾好，然后拿着抹布把桌子擦了又擦。许多客人进茶楼，都会挑小嘉诚擦过的桌子坐。

一段时间之后，小嘉诚发现，来喝茶的许多都是常客。他便在身上揣了一个小本子和一支笔，开始留意客人的喜好。每次给客人端完茶点，他都会跑到角落里认真记下客人喝的什么茶，吃的什么点心。两个月之后，他从记录中发现，有的客人每次来茶楼都点一样的茶点，有的客人会在两三种茶点之间换着点。

于是，他开始实施自己的计划。他远远看到对茶点只有一种喜好的客人走进茶楼，就赶紧准备。然后，恰到好处地在客人落座时，把他们喜欢的茶点放在桌子上。

遇到有多种喜好的客人，他就会在客人没开口前，主动说出客人平时爱吃的茶点让对方选择，然后再端上。

不用开口，就有人知道自己的需求和喜好，受到这种待遇的客人自然会感到异常惊讶和高兴，他们有种被视为上宾的感觉，有的客人则感觉像是回到了自己的家中。

一些初次来的客人看到后，十分羡慕，也想得到这种待遇。于是，他们往这里跑得更勤了。

一天，一个客人临走时特意交代小嘉诚，他明天会带一个朋友过来，还把朋友喜欢的茶点也告诉了小嘉诚。

小嘉诚听后会意地笑着说："好嘞！我记住了，您慢走！"

第二天，当客人的朋友刚一坐稳，就看到自己喜欢的茶点被放在面前，非常惊讶，更多的是惊喜。

渐渐地，越来越多的客人喜欢到这里来。

茶楼的生意也越来越红火起来。

老板看在眼里，喜在心里，很快给小嘉诚加了薪。

【提示】❗

为了养家糊口，李嘉诚降低了自己的期望值，小小年纪，就离开学校，自谋职业。他对工作一丝不苟，积极热情地为客人服务，得到了客人的喜爱、老板的认可。他在给老板带来利润的同时，自己也有了更多的收入。他的事迹启示我们：

1. 面对现实，降低期望值，总能找到生存、发展的机会。

2. 认真做事，才能快速、高质量地完成工作。

3. 积极主动、认真用心地做好自己的工作，是赢得客户信任和上司信任的最佳途径。

4. 用心为客户服务，一定会得到客户的认可，受到客户的追捧。

5. 坚持不懈地认真对待工作，总能够得到领导的赏识与重用。

【反思与提升】

· 你正在为佳偶、工作、房子、车子、孩子、老人而发愁吗？如果是，你考虑过降低自己的期望值吗？

· 如果你觉得自己的确需要降低期望值，你觉得自己应该如何面对现实？

· 你觉得自己的工作是积极认真的，还是消极懒散的？

· 为了促使自己更加积极认真地工作，你觉得自己该如何办？

不要让自己太疲惫

原世界首富约翰·洛克菲勒是全球知名的成功企业家。他33岁时就赚到了第一个100万美元，43岁时，建立了“标准石油公司”。

做不完的工作、无穷的烦恼、长期的不良生活习惯、经常失眠，以及缺乏运动和休息，累得他几乎挺不起腰来。紧张的工作和巨大的压力使他付出了惨重的代价——他的健康状况已经非常糟糕。

53岁时，他发现自己患上了多种疾病，头发全部掉光，甚至连眼睫毛也一根不剩……

自从染上这种奇怪的病之后，洛克菲勒明白了健康比赚钱更重要的道理，因而完全听从医生的忠告：在任何时候、任何情况下，绝不为任何事烦恼。他不折不扣地按医生的要求去做，从而挽救了自己的生命，重新赢得了健康。

洛克菲勒退休后，他确定的主要目标就是保持健康的身体和心理，争取长寿，赢得同胞的尊敬。下面是洛克菲勒实现他的目标的行动纲领：

1. 移居佛罗里达州，那里的气候有益于健康和长寿。

2. 过有规律的生活。每天到户外从事喜爱的运动——打高尔夫球；吸收新鲜空气和阳光；定期享受室内的运动，如读书和其他有益的活动。

3. 每晚睡8小时，每天午睡片刻。适当休息，避免疲劳。

4. 每天洗一次盆浴或淋浴，保持干净和整洁。

5. 每星期日去参加礼拜，记下所学到的原则，供每天应用。

6. 饮食有节制，细嚼慢咽，不吃太热或太冷的食物，以免烫坏或冻坏胃壁。

7. 汲取心理和精神的维生素。在每次进餐时，都说文雅的语言，并同家人、秘书、客人一起读励志的书。

8. 雇用毕格医生为私人医生。（他使得洛克菲勒身体健康、精神愉快地活到98岁高龄。）

9. 把自己的一部分财产分给需要的人共享。洛克菲勒起初的动机主要是自私的，他分财产给别人，只是为了换取良好的声誉。但实际上却出现了一种他未曾预料的情况：通过向慈善机构的捐献，他发现自己居然能够把幸福和健康送给许多人，在他赢得了声誉的同时，他自己也得到了幸福和健康。他所建立的基金会造福了好几代人。他的生命和金钱都是做好事的工具。他达到了自己的目标。

有谁能想到，健康状况曾经非常糟糕的老洛克菲勒，居然一直活到了98岁的高龄！他的健康长寿秘诀其实很简单，就是忘却烦恼，多做善事，保持心情愉快。

【提示】

"即使拥有世界上所有东西，也不能换来人的生命。"法国的蒙田提醒我们。是的，许多时候，我们需要面临要钱还是要命的选择，我们意识不到挣钱没有止境的道理，也意识不到健康的身体能够提高我们赚钱效率的道理，结果我们付出了惨重的健康代价。现在，是该仔细想想健康、生命和工作效率、金钱的关系的时候了。

疯狂工作固然可以提高一时的工作效率，但会伤害身体，失掉永久的工作效率。要想拥有长久稳定的工作效率，就不要让自己太疲惫。

【反思与提升】

· 你觉得长期疯狂地工作能换来长久稳定的工作效率吗？

· 为了长久稳定的工作效率，你觉得自己应该如何做？

· 你工作、挣钱的目的是什么？

· 你觉得如果自己用健康的代价换来了金钱，你还能够实现自己的目的吗？

· 你打算如何平衡工作和健康之间的关系？

学会放松自己

第二次世界大战时，英国首相丘吉尔已70岁高龄，他需要日理万机，责任重大，工作繁忙可想而知，但他干起工作来却总是精力充沛，情绪高涨。这主要得益于他能注意休息，在工作之余能放松自己，充分抓住点滴时间休息。一般情况下，他每天中午都要睡1个小时，晚上8时吃饭之前也要睡两个小时，即使乘车他也会抓紧时间闭目养神，打个盹儿。有人曾问他身体健康、精力充沛的秘诀，丘吉尔说："我的秘诀是：当我脱下制服时，也就把责任一起卸下了。"丘吉尔的兴趣相当广泛，音乐、美术、文学、军事、政治等，无所不通。在绘画上他造诣很深，在文学上曾获诺贝尔奖。如此广泛的爱好，陶冶了他的情操和博大的胸怀，给了他巨大的精神力量。

宋美龄在1949年刚到台湾时曾学过一段时间钢琴，后来则跟黄君壁学画，并且从未间断过。宋美龄很喜欢兜风，大约每个星期都要叫工作人员带她出去兜风一次。每次他们出去都有好几部车，宋美龄每次都叫司机把车开得很远，或带他们去吃冰淇淋。

相声泰斗马三立享年89岁，他从年轻时就养成良好的习惯。马老长期坚持早晚共走1600步，坚持搓脸、磕牙、搓头发；每天还练用手摸脚面，用脚后跟轻踢臀部，扭腰转身，拍打前胸后背。在总结自己的保健经验时，马老说："人生在世，离不开吃、喝、拉、撒、睡，但我认为这五个字应该倒过来排：睡、撒、拉、喝、吃。睡是第一位的，科学研究表明：人的生命极限是不睡觉能坚持5天，不喝水能坚持9天，不吃饭能坚持42天。可见睡觉是何等地重要，尤其我们老年人必须要睡好，每天保证10小时的睡眠时间。其次是撒，人三四天不大便没什么，但一天不尿，必然有了病症，最后才是吃喝问题。我从 30 岁就开始按睡、撒、拉、喝、吃的次序安排自己的生活，一直坚持到现在。这里应该注意两头，睡觉要舒服，早睡早起，中午再睡个回头觉；吃就要节制，好饭歹饭都要七八成饱，不要见好的非吃到嗓子眼，不爱吃的就一口不沾。我的顺口溜是："觉不少睡，水不少喝，饭不多吃，话不多说；少洗澡，多洗脚，不生气，少烦恼，看书写字勤动脑，一天到晚乐逍遥。"

法国总统希拉克一有空就抓紧时间睡觉，而且坚持每天早晨 8 时 30 分离开爱丽舍宫官邸，步行去办公室上班。

活了 93 岁的美国总统里根自称是"体育锻炼的信徒"。他热爱多种体育运动。他竞选州长成功举行就职典礼时，为了不误看棒球赛，竟将就职典礼时间定在午夜 12 点。

美国前总统吉米·卡特经常参与各种运动，1979 年 9 月他与 750 名长跑者一起，参加了戴维营所在地举办的 10 公里赛跑。

对美国人来说，总统布什堪称他们运动修身的楷模。

法国前总统德斯坦是一位滑雪能手，曾获法国冬季滑雪锦标赛铜牌。他也是个球迷，经常身穿球衣，脚踏球鞋，活跃在绿茵场上。

曾经有记者问俄罗斯总统普京保持旺盛精力的秘诀，他回答说，完全得益于体育锻炼。普京曾多次获得圣彼得堡市柔道冠军。普京每天早上起床后，都要做 30 分钟的体操，然后游泳 20 分钟。晚上下班后也会设法抽出一个半小时健身。

古巴领导人卡斯特罗一生酷爱体育运动，最让他着迷的是篮球。

除此以外，英国首相布莱尔、新加坡总理吴作栋、南斯拉夫前总统铁托、泰国国王普密蓬都以喜欢体育运动、重视养生而著名……

【提示】

许多人认为自己没有时间放松、养生，其实，许多时候，放松、养生是可以和工作合并在一起的。如果你能够边工作，边放松，边养生，就能够真正有效地防治各种常见职业病。以下是笔者的一些建议：

1. 多使用笔和纸，少使用电脑。

2. 多和人打交道，少和电脑打交道。

3. 注意坐姿的调整。

4. 注意与电脑屏幕的距离。

5. 注意坐椅的高低、后背的调整。

6. 连续工作的时间不要超过 45 分钟。

7. 工作中抽时间抬抬头、眨眨眼、深呼吸、伸懒腰。

8. 电脑在启动时，你完全不必死死盯着电脑屏幕，可以利用这些间隙思考问题，或干脆开会儿小差儿，偷会儿懒。

9. 工间可以走动走动，上洗手间、上消防梯、做做原地跳绳、原地体操什么的。只要你想动，你就可以自行做出或开发出许多适宜的动作来缓解疲劳。

10. 注意与上司和同事的沟通和交流。

11. 联络客户和公关要脚勤。

12. 注意电脑屏幕、鼠标、键盘、桌子的清洁卫生。

13. 中午饭后上班前，不必急着回来继续工作上网，可以散散步、逛逛街、购购物什么的。

14. 下班就走，不必继续留在单位上网或不必要地加班。

15. 出差时充分利用工作以外的间隙。

16. 工作追求高效但不急于求成。

17. 人际关系和谐至上，不要过于自负和自卑。

【反思与提升】

· 你认同边工作、边放松、边养生的观点吗？

· 除了“提示”中的方法，你还能想到哪些方法放松和养生？现在就结合自己的工作写出自己边工作、边养生的方法，然后每天坚持实行，自我检查、自我监督。

给自己一个愿望

人们都叫他“木头”，因为他生得呆笨，从小胆小顺从，9岁之前，除了因遵守秩序在学校里获得过一枚玩具螺丝钉外，再也没有获得过什么奖励。

12岁时，这位匈牙利犹太木材商的儿子做了一个梦，梦到有位国王给他颁奖，因为他的作品被诺贝尔看上了！

梦醒后，他非常兴奋，很想把这个梦告诉别人，但他又非常害怕被别人嘲笑，最后，只告诉了自己的妈妈。

妈妈认真地对他说:“假如这真是你的愿望，你就有出息了！我曾听说，当上帝把一个不可能的愿望，放在谁的心中时，就是真心想帮助谁完成的。”

男孩从来没有听说过愿望和上帝还有这层关系，妈妈说完，他就信以为真了。他想:

我真是天下最幸福的人！世界这么大，上帝却一下子就选中了我！

为了不辜负上帝的期望，从此，他给自己一个愿望当一个作家，而且他从此真的喜欢上了写作。

“倘如我经得起考验，上帝会来帮助我的！”他怀着这样的愿望开始了他的写作生涯。

三年过去了，上帝没有来……

又三年过去了，上帝还是没有来……

就在他期盼上帝前来帮助他的时候，第二次世界大战中纳粹主义种族大屠杀的核心人物、德意志第三帝国元首、德国武装力量最高统帅阿道夫·希特勒的部队却先来了！希特勒早年在维也纳受到反犹主义的深刻影响，加之政治需要，所以对犹太人产生了强烈的仇恨，完全成为一个极端反犹太人分子。自 1933 年起，德国纳粹党开始独裁执政，随后，一个大规模的反犹行动逐渐发展起来。到了 1938 年，纳粹德国已经禁止犹太人从事绝大多数的职业。1938 年 11 月 9 日，由纳粹党策划的一个反犹事件（称为“水晶之夜”）爆发了，大量属于犹太人的商店等被破坏，许多犹太人被殴打，犹太人的社会地位更加低落。后来，随着战争的不断扩大，希特勒为首的纳粹党更加疯狂地屠杀犹太人。特别是在 1939 年 9 月吞并了波兰以后，纳粹德国将他们国内和奥地利的犹太人集中在波兰的内陆。最大规模的“强制性犹太人居住区”位于华沙。

作为犹太人，抱着作家梦的他也被送进了臭名昭著的奥斯威辛集中营，有多达 300 万犹太人在这里遭到枪杀，或遭到毒气毒杀。而他却靠着“心中的愿望”活了下来。

“我又可以从事我梦想的职业了！”他怀着这种心情走出了奥斯威辛集中营。

1965 年，他终于写出了他的第一部小说《无法选择的命运》；

1975 年，他又写出了他的另一部小说《退稿》。

接着他又写出一系列作品：

1975《命运无常》；

1977《寻路人》；

1988《惨败》；

1990《给未出生的孩子做安息祷告》；

1991《英国国旗》；

1992《划船苦力的日记》；

1993《Esterhazy》（匈牙利贵族世家）；

1993《大屠杀浩劫作为一种文化》；

1997《我，另一个：一种变形史》；

1998《行刑队上膛的寂静时刻》；

2001《流亡话语》。

就在这位被誉为“拒绝惨败的文学英雄”不再关心上帝是否会帮助他时，瑞典当地时间2002年10月10日下午1点，瑞典皇家文学院宣布：把2002年的诺贝尔文学奖授予匈牙利作家凯尔泰斯·伊姆雷，奖金1000万瑞典克朗（约合100万美元），以表彰他对弱小的个人对抗野蛮强权经历的深刻刻画。瑞典的诺贝尔文学奖评审委员们认为凯尔泰斯始终以个人坚持的耕耘抵抗集权政府，值得世人敬佩，而且他的文学成就丰富了世界文库，理所当然获得这项最崇高的奖励。

凯尔泰斯·伊姆雷得到这个消息后，大吃一惊，因为这正是他的名字！

“这是对我本人的承认，也或许意味着我可以过上安定的生活了，至少在物质上有了安全感。”凯尔泰斯·伊姆雷欣慰地笑了，这是他平生最开心的一次笑。

“请谈一谈您获奖后的感受。”有记者问这位曾经名不见经传的作家。

“没有什么感受！我只知道，给自己一个愿望，并坚持去做，不管多困难都不在乎时，上帝就会抽出身来帮助你。”

【提示】

凯尔泰斯·伊姆雷之所以能在经受一次次灾难的沉重打击后依然取得辉煌的成就，完全因为他总是能够在困难时“给自己一个愿望”，始终保持着一种积极的心态。

当我们遇到压力、危机和灾难时，给自己一个愿望，有助于我们克服消极心态，克服消极思维对思想和行为的束缚。尽可能地以积极的心态对待工作，就能够将我们潜在的智慧激发出来，从而能快速地使自己成长为优秀人才，脱颖而出。

【反思与提升】

· 在工作中遇到困难、挫折和危机时，你能够给自己一个愿望吗？

· 你目前最大的问题是什么？给自己一个愿望。

正确面对失败和受挫

小时候，他读书成绩非常糟糕，两次都没能考上大学。

出于对电影的热爱，他坚持不懈地努力学习，终于考上了台湾艺专戏剧电影系影剧科学话剧。1975 年，他从台湾艺专毕业。他曾获台湾话剧比赛大专组最佳男演员奖，并曾拍摄两部 8 毫米电影《星期六下午的懒散》(1976)、《陈的一天》(1978)。后来，他前往美国留学，先是在伊利诺伊大学学习戏剧导演专业并获戏剧学士学位，后又前往纽约大学学习电影制作，获得电影硕士学位。在纽约大学学习期间，他拍摄了《追打》(The Runner)、《我爱中国菜》(I Love Chinese Food) 和《揍艺术家》(Beat the Artist) 等 16 毫米电影作品。1982 年，他拍摄了《荫凉湖畔》(I Wish I Was by That Dim Lake)，获纽约大学奖学金及台湾主办的独立制片电影竞赛奖——金穗最佳短故事片奖。1984 年，以《分界线》(Fine Line) 作为其毕业作品，从纽约大学毕业。该片曾获纽约大学生电影节金奖及最佳导演奖。正因为获得了这个肯定，他放弃在台湾发展，留在了竞争更为激烈的美国。这段时间，他还参加了著名黑人导演斯派克·李（Spike Lee）的反映学生生活的电影《Joe's Bed–Stuy Barbershop: We Cut Heads》的摄制工作。

然而，机会并没有继续垂青于留在美国的他。接下来的六年时间，他没能找到一份与电影有关的工作，没有拍成一部电影。

他不得不赋闲在家，当起了“家庭妇男”，靠仍在攻读伊利诺伊大学生物学博士的妻子林惠嘉微薄的薪水维持生计。

为了缓解内心的愧疚，他每天除了在家里大量阅读、大量看片、埋头写剧本以外，还包揽了所有家务，负责买菜、做饭、带孩子，将家里收拾得干干净净。在拍摄第一部电影之前，他窝在家中当了6年的“家庭妇男”，练就了一手好厨艺。每到傍晚做完晚饭后，他就和儿子一起兴奋地等待“英勇的猎人妈妈带着猎物回家”。

“你这么会烧菜，我来投资给你开馆子好不好？”丈母娘夸奖他。

“我想我如果有日本丈夫的气节的话，早该切腹自杀了。”日后回忆起这段难熬的生活，李安仍然十分痛苦。

不过，他可不是一个安分的“家庭妇男”，他非常用心，不惜帮人家拍小片子、看器材、做剪辑助理、剧务之类的杂事。

在这段最艰难的时期，他没有放弃自己对电影的追求，他仔细研究了好莱坞电影的剧本结构和制作方式，试图将中国文化和美国文化有机地结合起来，创造一些全新的作品。

功夫不负有心人。1990年，李安完成了剧本《推手》，获台湾优秀剧作奖。该剧本不仅为李安赢得了40万元奖金，而且使他获得第一次独立执导影片的机会。1992年，他执导了他的第一部作品，将《推手》搬上了银幕。这是一部反映在纽约的一家台湾人生活中的代沟和文化差异的喜剧片，这部影片在台湾获得了金马奖最佳导演等8个奖项的提名。此外，该片还获得亚太影展最佳影片奖。由于《推手》的成功，李安再次获得了执导电影的机会。1993年推出的《喜宴》赢得了一致好评，并在柏林电影节上荣获金熊奖。从此，李安在国际影视界的声誉猛增，一举跃入世界知名导演行列。之后的李安一直努力在他的导演生涯中寻求新的突破。2000年，《卧虎藏龙》成功地让他捧得第一座奥斯卡金像奖。2006年，他又凭借《断背山》一片成为第一个获得奥斯卡最佳导演的华人导演。2013年1月9日，李安凭借《少年派的奇幻漂流》入围美国导演工会最佳导演奖。

李安已经成长为现今世界上最成功的华人导演之一，在中美两国均取得了不俗的成就，迄今已经两次获得奥斯卡奖、两个威尼斯电影节金狮奖和两个柏林电影节金熊奖。毫不夸张地说，他架起了东西方文化沟通的桥梁。

【提示】

如果李安当年也选择放弃，可能现在的他只是一个大导演身边的助理或者更逊的角色。他将永远没有机会用电影书写自己的人生观，更没有机会让奥斯卡的光环在自己身上闪耀。

李安的成功启示我们：正确面对失败和挫折非常重要。无论我们遇到什么样的困难和挫折，都不要轻言放弃，相反，要正确地面对失败、挫折，以绝不放弃的恒心和勇气善始善终，只有这样，才能实现自己的理想。孟子说："天将降大任于斯人也，必先苦其心志，劳其筋骨，饿其体肤，空乏其身，行弗乱其所为，所以动心忍性，增益其所不能。"孟子早已告诉我们应该如何面对失败和挫折。

1. 敢于直面现实，并学会微笑面对。当你陷入困境时，沉沦只会使你更没有机会。

2. 通过挫折、失败检验自己，了解自己。每个人都有过人之处，但不是每个人都能发现自己的长处。困难给予我们发现自我、展现自我的机会，因为通常在逆境中我们都会发挥自己全部的能量，希望通过自己的努力克服困难。一旦风雨过后，相对于别人，你就可能拥有了新的优势，因为你通过挣扎更深刻地了解了自己。

3. 在面临挫折、失败时，要明确自己的目标，展望成功后的未来。只有这样才能拥有更顽强的毅力去战胜挫折，走出失败。

4. 不要放大挫折、失败，虽然困难，但我们要坚定信心，相信自己有克服困难的能力，能够生存下去。

5. 从挫折、失败中寻找转机和生机，把每一个磨难都当成人生转变的机会。

6. 不要让别人的挫折、失败左右自己的人生，不能因为别人的放弃就松懈。只有坚持不懈才能够取得别人得不到的辉煌！

【反思与提升】

· 在人生道路上，你都遇到过哪些挫折、失败？

· 你是如何面对它们的？

· 你是个有恒心、做事善始善终的人吗？

· 反思自己的经历，如果再有一次机会，你觉得自己该怎么做？

用积极化解抱怨

“日本索尼彩电是劣质货！”日本索尼公司的彩电，在20世纪70年代中期时，已经是日本国内知名品牌，但在美国市场却备受冷遇，无人问津。1946年5月，盛田昭夫和井深大以19万日元共同创立了东京通信工业株式会社，1958年更名为索尼公司。

“你们前往美国芝加哥，一定要改变我们索尼彩电的形象，打开美国市场。”索尼公司先后派出了多位负责人前往美国芝加哥负责产品的销售。

然而，这些负责人满怀壮志地前去芝加哥履行使命，但待上一段时间后却都灰溜溜地无功而返。这些负责人虽然使尽了招数，但面对美国市场的各种抱怨，最终还是全都败下阵来，铩羽而归。

“经公司研究，决定任命你为国外部部长，前往芝加哥打开美国市场。”1974年，索尼公司派卯木肇前往芝加哥。

“你们的索尼彩电一再发布降价广告，说明它一定是次品！否则，索尼彩电的价格为什么会一降再降？”

“我们讨厌索尼！你们的索尼彩电是劣质货！”

调查中，不少美国消费者这样告诉卯木肇。

听到这些质疑和抱怨，卯木肇不禁眉头紧锁。

“怎样才能化解美国市场的抱怨，让索尼彩电在美国市场起死回生呢？”他的脑子里不停地转着这个问题。

“事已至此，我们完全可以回去复命，说前任部长已经把市场破坏了。”随卯木肇一同前往芝加哥的一个下属丧气地说。

“别人把市场做成什么样，那是别人的事。我们来这里是解决问题，不是寻找别人的问题、推卸责任的。我相信，只要用积极化解抱怨，尽心尽力，就没有做不好的事情。”卯木肇十分严厉地说。

“可是……”下属还想说什么。

“以后我不希望再听到你刚才说的话！好好想想下一步我们该怎么做！”卯木肇阻止了这位下属。

下属不好再说什么了。

“当下之计，应该先将索尼彩电打入芝加哥最大的电器零售店马歇尔公司。只要索尼彩电在马歇尔公司拥有一席之地，其他的销售商一定会主动找上门。”再三思考后，卯木肇打定了主意。

说干就干。第二天清早，卯木肇就去拜访马歇尔公司的总经理。

“我们总经理不在。”

卯木肇扑了个空，只好失望而回。

第三天，卯木肇特意选了一个总经理比较闲的时间去拜访，又被告知：“总经理外出了。”

“这些不过是马歇尔公司的总经理不想见我的推辞。”卯木肇终于明白了。

第四天，不死心的卯木肇再次来到马歇尔公司，这次总算见到了总经理。

“我们不要索尼的产品！你们的产品一再降价，人们都以为是次品，没有人愿意买。”马歇尔公司总经理抱怨道。他态度冷淡，语气生硬。

“您放心，我一定会改变索尼的形象。”卯木肇认真地听完对方的意见，郑重地说。

这次谈话当然不可能让马歇尔公司接受索尼，但卯木肇却看到了希望。

“对方的刁难正是在给我们指明道路。”

“立即把各家商店里索尼的降价彩电全部收回，重新刊登广告，为索尼彩电塑造新形象。”卯木肇下令。

做完这些之后，卯木肇再次拜访了马歇尔公司总经理。

“索尼的售后服务太差，即便勉强卖出，用户得不到满意的售后服务，只会招来更多麻烦。”总经理又提出了新的，让人头痛的问题。

“您放心，索尼的售后服务一定不会让客户失望。”卯木肇再一次郑重地表明了索尼的态度。

“立即筹建我们索尼公司的特约售后服务部，并刊登广告，保证维修人员随叫随到。”一回去，卯木肇就这样下达命令。

当卯木肇再一次叩开马歇尔公司总经理的门时，再一次被拒绝。

“你们索尼公司的彩电知名度太低，即使摆在商场里，也无人问津。”对方抱怨道。

“他们这明摆着是在故意刁难我们！”走出马歇尔公司后，卯木肇的下属再也忍不住了，气愤地说。

卯木肇什么也没有说。

“从现在开始，你们每人每天给马歇尔公司打5次电话，询购索尼彩电。”一回到办公室后，卯木肇立即对公司的30多名员工下达了新的命令。

这样，马歇尔公司的职员接连不断地接到求购索尼彩电的电话，便按以往惯例将索尼彩电列入“待交货商品目录”。

“你为什么无休止地来骚扰我们！”马歇尔公司总经理知道后，非常恼火，主动叫来卯木肇质问。

“我这次的行为，在您看来或许是过激了些，但是我这么做，也都是本着为双方谋利益出发的。索尼彩电既然能在日本深受人们喜爱，就一定有它的优点。我相信通过我们的共同努力，索尼彩电一定会被美国人所接受，一定会成为马歇尔公司的摇钱树……”卯木肇不卑不亢地答道。

“那好吧，就给你一次机会，先试销两台，如果一周之内卖不掉，你永远不要再跟我提合作的事！”在卯木肇的不懈努力下，马歇尔公司总经理终于松了口。

“一言为定！”马歇尔公司总经理开出如此苛刻的条件，本想让卯木肇知难而退，不料卯木肇却很爽快地答应了下来。

为了打好这第一枪，卯木肇亲自挑选了两名得力干将，非常坚毅地对他们说：“这两台彩电对我们来说，非常重要，它们关乎索尼在美国的生死存亡。我特意安排你们两个与马歇尔公司店员一起推销这两台彩电，只许成功，不许失败！”

“保证完成任务！”两人接受任务后便立即去了马歇尔公司店面。

两个人果然不负重托，当天下午 4 点，就将两台彩电全卖掉！

这让马歇尔公司总经理大为惊讶，他也再无任何理由拒绝销售索尼彩电。索尼彩电就这样进入了马歇尔公司，销量大增。

当年 12 月，索尼创造了在美国一个月销 700 多台彩电的销售纪录！

索尼和马歇尔双双获利。马歇尔公司总经理对卯木肇刮目相看，并主动提出加大合作力度。

芝加哥的其他商店见状，也纷纷引进索尼彩电。不到 3 年，索尼彩电在美国芝加哥的市场占有率就达到了 30%。

索尼占据美国市场后，逐步横扫世界，成为世界彩电的一大王牌。

经过几十年的发展，索尼公司在全球 120 多个国家和地区建立了分公司和工厂，数以亿计的索尼用户遍布世界各地，集团 70% 的销售来自于日本以外的其他市场。日本索尼誉满全球，是世界上民用专业视听产品、通讯产品、游戏产品和信息技术等领域的先导之一。

【提示】

卯木肇积极化解来自美国市场和公司内部的各种抱怨，对自己的工作非常尽心。他锲而不舍，知难而进，想尽一切积极的办法，做到了前几任负责人都无法做到的境界。他用自己的行动说明：“只要积极地去化解各种抱怨，就没有做不成的事！”

1. 在大脑中树立这样的理念：“只要积极地去化解抱怨，积极寻找、思考解决问题的办法，最终就能完成公司交给自己的工作任务，实现既定的目标。”

2. 遇到抱怨、质疑，不要气馁、悲观，要积极想办法。

3. 如果遭遇挫折和失败，仍然不要放弃目标，应积极寻求下一步的解决方案。

4. 即便是不断地遭遇挫折和失败，仍然要不断地寻求、尝试新的解决方案。锲而不舍，金石可镂；精诚所至，金石为开。

5. 不断地探索，就像走迷宫一样，当我们探求得多了，最终能够找到解决问题的出口。

6. 一旦找到突破口，就要趁势推进，事情将会呈现出加速度的发展。

【反思与提升】

· 面对公司内外的抱怨，你能够用积极的态度去完成上司交给你的工作任务吗？

· 如果不能，你觉得自己是否足够积极？

· 你是否已经用“尽心”这个标准和来要求和检查自己的一切工作？

· 如果你觉得你现在还未能尽心地对待自己的工作，你打算从哪些方面来纠正自己？

· 你当前面临的抱怨和最重要的工作问题是什么？你准备如何积极地去对待它？列出你的解决思路、解决方案和工作计划。

冷静应对争论和冲突

“两位老总合不来，总是闹矛盾，这样下去，一定会影响公司的发展！”日本索尼公司里的员工对董事长田岛道治和副总裁盛田昭夫两人的关系议论纷纷……

盛田昭夫和田岛道治的意见常常有分歧，他们俩总是互不相让，有时还会吵架。

“我们应该不失时机地立即开发这个新项目！”一天，盛田昭夫对田岛道治说。

“我觉得时机不成熟，还需要再等等。”田岛道治反对说。

于是，两人再次吵得不可开交……

晚上，田岛道治邀请盛田昭夫共进晚餐。

这让盛田昭夫感到很奇怪，以往两人吵过后，总会僵持几天，直到问题得出最终处理方案。这次怎么会这么热情？盛田昭夫有点想不透，但还是按时赴约了。

“我们今天不谈工作的事，只是轻松地吃顿饭。”盛田昭夫还没开口，田岛道治先表明了态度。

两人边吃边聊，气氛非常融洽。

快要结束时，田岛道治突然表情严肃地说：“我准备离开公司！”

听到这句话，盛田昭夫非常惊讶地问：“为什么？”

“我们俩总是意见不合，为此还常吵架，影响很不好。我想我的离开对公司会是一件好事。”田岛道治说这些话的时候显得有些沉重。

“我还以为什么事呢？平时你对公司的事情分析得挺透彻的，今天怎么犯起糊涂来了？”盛田昭夫笑了笑说。

田岛道治有些听不明白。

盛田昭夫接着说：“如果我们俩在所有问题上的意见都一模一样的话，两个人跟一个人有什么区别？那样的话，公司就确实没有必要同时来支付给我们两个人薪水！正是因为我们两个人的意见存在差异，才可以取长避短，相互补充，最终得出更完整更正确的结论。你回想一下，我们两个人的争吵让公司少犯了多少错误？”

“是这样吗？”

盛田昭夫点点头说：“只要我们能找到很好的合作方式，意见有分歧才能达到最佳合作效果。”

之后，田岛道治再也没有提过离职之事。

两个人成为公司最好的搭档，共同推动着公司向前发展。

【提示】

工作中出现差异、分歧和争论是正常的，关键是要冷静地对待差异、分歧和争论，否则就会引发冲突。差异、分歧是合作的前提，而不是合作的障碍，如果认识到这一点，就不会因争论而生气、懊恼，相反，就会从不同方案中寻求中间方案，寻找解决问题的最佳途径。

1. 如果和别人有分歧，要先让自己冷静下来，不要无谓地争论，以免引发冲突。

2. 认真倾听对方的意见和方案，来个换位思考，站在对方的立场考虑问题。

3. 尝试理解对方，就能够赢得对方的信任，消除对立情绪。

4. 在赢得对方的好感和信任之后，勇敢地表达自己观点、立场和方案，争取对方的理解。

5. 在双方不同的方案之间寻找中间途径，寻求利益的平衡点，寻求最佳的中间方案。

【反思与提升】

· 你如何认识差异、分歧、争论和冲突？

· 如果自己和别人之间出现了差异、分歧、争论和冲突，你会如何处理？

· 你觉得如何处理才是明智的？

· 在你当前的工作中，你和别人的争论、冲突的焦点是什么？你觉得自己该如何解决？